马克思研究丛书之一

马克思之经济概念

〔德〕亨利希·库诺 著
朱应祺 朱应会 译

中央编译出版社
CCTP
Central Compilation & Translation Press

图书在版编目 (CIP) 数据

马克思之经济概念 /（德）亨利希 · 库诺著；
朱应祺，朱应会译 . -- 北京：中央编译出版社，2022.5
（马克思研究丛书）
ISBN 978-7-5117-4037-3

I. ①马… II. ①亨… ②朱… ③朱… III. ①马克思
主义政治经济学—研究 IV. ① F0-0

中国版本图书馆 CIP 数据核字（2021）第 218968 号

马克思之经济概念

责任编辑 张 科
责任印制 刘 慧
出版发行 中央编译出版社
地　　址 北京市海淀区北四环西路 69 号（100080）
电　　话（010）55627391（总编室）（010）55627362（编辑室）
（010）55627320（发行部）（010）55627377（新技术部）
经　　销 全国新华书店
印　　刷 北京文昌阁彩色印刷有限责任公司
开　　本 710 毫米 ×1000 毫米 1/16
字　　数 160 千字
印　　张 7.5
版　　次 2022 年 5 月第 1 版
印　　次 2022 年 5 月第 1 次印刷
定　　价 2888.00 元（全 9 册）

新浪微博： @ 中央编译出版社 **微　　信：** 中央编译出版社（ID：cctphome）
淘宝店铺： 中央编译出版社直销店（http://shop108367160.taobao.com）（010）55627331

本社常年法律顾问：北京市吴栾赵阎律师事务所律师 闫军 梁勤
凡有印装质量问题，本社负责调换，电话：（010）55626985

出版説明

馬克思、恩格斯是全世界無産階級和勞動人民的革命導師，是馬克思主義的創始人，是馬克思主義政黨的締造者和國際共産主義的開創者。馬克思主義自創立以來，跨越國度、超越時代，在世界範圍内得到廣泛傳播，以其强大的實踐指導力、深邃的理論穿透力、巨大的精神感召力，不僅深刻改變了世界，也深刻改變了中國。馬克思主義自十九世紀末二十世紀初傳入中國後，一批又一批先進知識分子紛紛高擎馬克思主義真理的火種，在神州大地上廣泛播撒。正是在馬克思主義廣泛傳播的歷史大潮中，一個宣示以馬克思主義爲指導的政黨——中國共産黨應運而生了。從此以後，馬克思主義的命運同中國共産黨的命運、中國人民的命運、中華民族的命運緊緊連在了一起，中國共産黨人成爲馬克思主義的忠誠信奉者、積極傳播者、堅定實踐者。

一部中國共産黨的歷史，也是一部推進馬克思主義中國化的歷史。馬克思主義的中國化，首先是馬克思主義文本的中國化，即將馬克思主義經典著作用中文在中國編譯、出版、傳播。中國共産黨一經成立，就把編譯、出版馬克思主義經典著作作爲一項急迫而重要的任務，給予高度重視。一九二一年九月至一九四九年以前，中國共產黨創建的翻譯、出版機構，如人民出版社、上海書店、華興書局、延安馬列學院編譯部、解放社等，編譯出版了一批馬列主義文獻，如人民出版社出版的馬克思全書　列寧全書，上海書店出版的　馬克思主義淺説　唯物史觀，華興書局出版的共産黨宣言（華崗譯本），延安馬列學院編譯部出版的馬克思恩格斯叢書（十册）列寧選集多卷本，等等。此外，在馬列主義經典著作翻譯出版過程中，一批研究馬列主義的書籍，如一九二二年人民出版社出版的康明尼斯特叢書，十九世紀三十年代上海泰東圖書局出版的馬克思研究叢書（當時將馬克思譯爲『馬克斯』）也紛紛問世，極大促進了馬克思主義在中國的傳播。

馬克思研究叢書是中國首套以馬克思命名的系列圖書，包括馬克思之經濟概念　馬克思民族社會及國家概念　馬克思的倫理概念　馬克思工資價格及利潤　馬克思工資勞動與資本　馬克思國家發展過程　馬克思的家族發展過程　馬克思階級鬥争理論　馬克思唯物歷史理論等九種著作。其中，馬克思之經濟概念　馬克思民族社會及國家概念　馬克思的倫理概念　馬克思唯物歷史理論　馬克思的家族發展過程　馬克思階級鬥争理論　馬克思國家發展過程這七種圖書，皆譯自德國社會民主黨人、社會學家亨利希·庫諾馬克思的歷史社會和國家學説一書的相關章節。馬克思工資價格及利潤　馬克思工資勞動與資本，分别爲馬克思的原著工資價格和利潤　雇傭勞動與資本。

在新的徵程上，爲進一步推動馬克思主義經典文獻的研究，中央編譯出版社組織人員發掘、整理了這套馬克思研究叢書，作爲馬列主義經典著作典藏文庫的一種影印出版。我們希望這套叢書能够爲新時代馬克思主義中國化研究提供原汁原味的文本文獻資料和思想資源，讓人們從歷史文獻中深切感受中國馬克思主義話語體系的歷史演變，深切感受馬克思主義真理的力量。

馬克斯的經濟概念

譯者小引

本書譯自柯諾氏（Heinrich Cunow）所著馬克斯之歷史社會，及國家理論，（Die Marxische Geschichts,-Gesellschafts-Und Stoatstheorie.）中之第二卷第五章。原名「社會生活機能之經濟方法」（Die Wirtschaftsweise als Lebensfunktion der GesellsChaft.）其中所論，如「生產關係，」「生產力，」「生產條件，」「技術，」「交換」等，概是關於馬克斯之經濟理論之基礎觀念。故名之曰「馬克斯之經濟概念」。柯諾氏以學者態，度闡明馬克斯之學說，並對於馬克斯批評家之見解，一一加以辯證，洵不愧爲研究馬克斯之名著。故特譯出，以供研究馬克斯學說者之資料，權作爲本叢書之第一種。

中華民國十六年十二月譯者識於申江

馬克斯之經濟概念總目

馬克斯之經濟概念細目

第一章　馬克斯之經濟概念

馬克斯主義（Marxismus）研究之出發點——非僅馬克斯特有之社會觀——組成社會生活機能的就是經濟活動之意義——「經濟學批評」序文上馬克斯之見解——馬沙里克教授之謬論——巴爾特（Rart）教授之謬見——馬克斯的定義之解釋——馬克斯批評家之思想的混亂——馬克斯對於人類生活之社會生產的意義——一切生產皆決於社會的先決條件或社會的支配條件——「經濟學批評」之草稿上所表示的見解——個人孤立的生產皆屬空想萬事仍由社會決定——社會的生產除於現代階段之單純的生產外尚含有繼續的

再生產卽是所謂社會生活之繼續維持與發展——再生產之條件的更新——要這樣說明才能理解馬克斯之生產概念——所謂生產分配交換消費各項雖非同一意義然總算是全體生產過程之一組成份子——考茨基(Karl Kautsky)主張於技術的生產條件加入應用數學也有道理

第二章 生產與交換

唯物史觀內之生產概念馬克斯和恩格斯之間有一種外觀的矛盾——認爲一種外觀的矛盾是反對馬克斯的懷能論者——馬克斯和恩格斯之間對於生產概念當然有廣狹二義

第三章 生產關係之意義

贊成資本主義的人都說生產關係就是技術關係——「資本論」中馬克斯之見解——人類於其社會的生活過程即人類加入社會的生活的生產時的社會關係——馬克斯於其著「工資勞動與資本」中所述之意見——在社會的勞動過程中依各人之經濟的共同活動而發生之社會關係——分配關係也是生產關係之一部——阿得拉(Max Adler)之生產關係和自然關係相混同——罕爾克氏說生產關係又是法律關係所以兩者並存時則法律關係即可以反作用於生產關係——生產關係是與人類意識獨立的一定之必然的關係

第四章　生產力與生產條件

生產力之意義——適用於社會生產過程之各種「力」——勞力技術力自然力——物的生產力與人的生產力——自然力是構成生產力之一要素——勞動

不是一切財富的泉源——關於此點馬克斯於「皋塔（Gotha）綱領批評」中所表現之見解——在生產力中占最重要地位的就是人類之勞力勞力之歷史的發展——人類之勞力於肉體的勞力之外尚含有精神的勞力——勞動生產性之增大不僅基因於技術之熟練及勞動之強度上須依分業之協同動作——「剩餘價值學說史」上馬克斯說明機械對於勞動過程之作用——技術力是人類勞力增加之表現且係一種獨立的要素並能支配人類勞力——所以人類之勞力在生產過程中完全依賴有效之技術力——生產條件之意義——社會的勞動過程和他的不斷更新之自然的技術的社會的前提條件——「生產條件」「生產力」「生產關係」——生產關係生產方法生產條件三種馬沙里克說是異語同義——對於馬沙里克氏的反駁

第五章　經濟生產過程之構成要素

社會生產最低階段之構成要素——第一期原始人之勞動是在獲得「天然」的物品——第二期以人類身體諸器官爲勞動手段且用爲達到目的之有力的手段——第三期器物機械之發明——技術的勞動手段之發展——生產過程之三種構成要素——馬克斯於「資本論」中關於勞動過程之要素的見解——勞力自然技術三者互相作用互相牽制的關係——勞力之發展全恃乎技術應用技術之勞力能支配自然——技術之優劣全恃乎自然的社會的環境

第六章　地理的生活區域

使經濟生產過程之三構成要素化爲孤立的就是「自然環境說」——古時希臘

對於社會發展之「自然環境說」——波當（Ienn Bodin）之「觀察」——黑爾特（Heder）氏以爲自然條件能決定人類之生活方法因此又能決定人類之思想方法——拉測爾（Latzel）之人類地理學的歷史觀——馬克斯主義對於自然環境說之批評——單純之地理的要素不能影響生產過程——地理的要素僅對於一定區域內之住民的經濟方法（生活資料之生產）有影響時始可算爲一要素——是否利用自然條件全恃人類之勞動方法和勞動手段而定——由自然條件的獨立化——人類對於地理的生活區域之從屬性漸次變爲對於社會環境之從屬性——「反雕林論」之論據

第七章　社會的勞動過程之技術

對於決定社會生活的要素之各種學說——國民經濟學者主張生產技術是決

定社會生活的要素——巴爾特氏將生產和技術混同——對於巴爾特所論的反駁——馬克斯所謂「技術是勞力發展之尺度社會關係之標準」之意義不是說「社會的生產專以技術爲基礎」的意思——馬克斯是說技術是測量生產發展之進步程度的東西——馬克斯之所謂技術學（Technologil）——經濟學不是技術學——技術是勞動過程之產物技術之發明不是個人之精神的產物——技術依賴自然條件之關係及技術的惟物論據——技術又與社會的條件相牽制（或關係）——資本主義之社會於企業上專採用低減生產費之技術——機械是生產剩餘價值的手段

第八章　技術和生產方法之區別

技術和生產方法混同的原因是由於把構成生產過程之一要素「技術」當作生

產全部而起的——因誤解技術的本質就把唯物史觀做爲技術史觀的道姆伯特之誤謬——馬克斯眞個把潛伏的技術和顯然的技術混同了嗎——潛伏的技術要依勞力才能夠實現的——斯討丁加(Standinger)對道姆伯特批評說技術不是死機械是有意識的人類所利用的東西

第九章　綜合技術與個別技術

欲變更生產關係非預先有技術的進步就不行嗎?——關於此點巴爾特氏對於唯物史觀的批評純是一種牽強附會的議論——「羅馬之莊園的大農地(Latifundium)奔潰之原因不是由於技術的變化」之論就是將生產方法和技術混同的錯誤——因自然條件與社會的勞力之變化可以變更生產方法——以生產方法之變化爲技術進步之結果的馬克斯之眞意義——改革後之各社

會的生產關係是一種完全的集合體——一生產部門之技術的進步可以改革他生產部門之生產方法——因應用個別技術之多少量而生技術之質的變更

馬克斯之經濟概念

第一章　馬克斯之經濟概念

(一)「馬克斯主義」(Marxismus)研究之出發點　(二)非僅馬克斯特有之社會觀　(三)組成社會生活機能的就是經濟活動之意義　(四)「經濟學批評」序文上馬克斯之見解　(五)馬沙里克教授之謬論　(六)巴爾特(Bart)教授之謬見　(七)馬克斯的定義之解釋　(八)馬克斯批評家之思想的混亂　(九)馬克斯對於「人類生活之社會生產」意義　(十)一切生產皆決於社會的先決條件或社會的支配條件　(十一)「經濟學批評」之草稿上所表示的見解　(十二)個人孤立的生產皆屬空想萬事仍由社會決定　(十三)社會的生產除於現代階段之單純的生產外尚含有繼續的再生產即是所謂社會生活之繼續維持與發展　(十四)再生產之條件的更新　(十五)要這樣說明才能理解馬克斯之「生產」概念　(十六)所謂「生產」「分配」「交換」「消費」各項雖非同一意義然總算是全體

生產過程之一組成份子　（十七）考茨基（Karl Kautsky）主張於技術的生產條件加入應用數學也有道理

我們若要完全理解馬克斯（Karl Marx 1818—1883）的社會觀和歷史觀之眞意義，當先認淸馬克斯是以經濟活動爲社會統治組織的基礎之見解。因他是根據黑智爾（Hegel）之解釋，謂社會生活是欲望或滿足欲望的勞動活動之一體系。他以爲社會概念，決不是單純之集合的概念。普通人類，因某種目的而任意結合的團體，在馬克斯的觀察不能認爲「社會」。所以村落（Dorfschaft）部族教會團體及國家等，無論何項團體，只可認爲一種共同團結，（Gemernschaft）不能叫做「社會」（Gesells Chaft）。大概社會生活之基礎，一在滿足一般的物質慾望，二在互相協同勞動以求獲得必要的生活資料。那個取得一般生活資料所生的過程之交互作用，（卽是經濟上的互相關係，——譯者註）就形成社會上各種之基礎關係。所以馬克斯所意想的社會，是一切人類於某時代中在特定形式之下，無論直接間接實行經濟上的交互作用之複合體，這種複合體，才叫做「社會」

故馬克斯常常（如資本論第一卷第四版第四六頁中）指物質的生產過程直謂之爲「社會的生活過程。」就是社會本身的生活之諸機能，亦包括在經濟過程中。但經濟活動，及因經濟活動所生的社會，社會組成份子間之互相關係，或互相作用，當然不能總括社會一切生活之內容。至說到經濟過程，實確爲社會共同生活之主要要素，且是社會共同生活之基礎。假如某種社會，欲竭盡其精神上之諸機能，必先充實其物質的諸機能。換言之：「就是那社會必先獲得生活資料以爲維持生活與繼續生活爲第一條件。又如人類欲維持其身體，若不繼續的攝取食物，或變化之以營養其身體時，即人類的身體，假設沒有新陳代謝的過程時，則其人必立刻死亡。社會的存在亦然。若欲圖社會之生存，則凡能滿足其物質的生活欲望之各種物品，必須繼續的反覆生產；尤其各社會具備特有的物質生活之諸條件時，——此種條件，即馬克斯所謂永久的，且是慘澹經營的發展史上之自然所產生的——社會始能長久生存。

所以經濟過程，是一切社會的生活之基礎；不僅爲物質的生活關係之基礎，且是精神上生活關係之基礎」馬克斯嘗於其「經濟學批評」序文中，說明此理，茲摘錄如次：

『人類爲維持其生活計，因社會的生產而取得生活資料時，常與人類意識獨立，非個人本意的加入那特定的，必然的諸關係。此等生產關係之總和，就構成社會之「經濟的構造」——這種關係，爲法律上政治上之上層建築，所由立定之基礎，又是特定之社會的意識形態，所適應的眞正基礎，物質生活之生產方法，是決定一般政治的社會的精神的生活過程之條件。人類之意識，不能決定社會之存在，而社會之存在，反能決定人類之意識，』

上述馬克斯之見解，頗引起一般反對馬克斯的學者——蓋彼等對於馬克斯的「社會」概念，及經濟概念，均尚未了解，——發表種種奇妙曲解的批評。例如馬沙里克教授所著「馬克斯主義之哲學的及社會學的基礎」一書中，（第九四頁）批評馬氏如下：

「考茨基（Kautsky）對於馬克斯唯物史觀之公式，亦謂之爲古典的（Classic），余實不敢贊同。何以故呢？因爲他的公式，缺乏古典的特質，卽缺少正確與明晰。我們閱讀其語句時，只要稍爲注意，無論何人，都能明白馬克斯很想創造一種思想。但弄巧反拙，他的思想並沒有明白的結構表現出來。我們仔細一想，上述馬克斯所謂「上層建築」所由「立定」云云，這種比喻的說明法，並沒有切實解釋，完全是概念學上所謂生產關係之一種表徵（Sympton）或指標（Index）之意義。又所謂「條件」云云，也是一種極不確定的語句。他對於同樣的概念，而以「生產關係」或「生產方法」或「生產條件」等三種不同的語句，來表現他。其中使人最注目的，就是他所說的「心理學」上之辭句，如謂「意識狀態」或「一般意識」等，不知究何所指。又謂存在可以決定意識，這種語，是眞的嗎。從人類方面說來，存在和意識，完全是同一的東西，豈不是明若觀火的事實嗎。費兒巴黑（Feuerbach）氏由上述定義推論如下：

「余以爲無論如何，比馬克斯所說的，較爲明確。他說：「我們由存在，才能說思想（不是意識），決沒有由思想而說存在的」云云。此外馬氏於此定義之中，其前句以「意識」及「存在」爲問題，後句又附以「社會的存在」之語，豈不是含有「欺瞞」人的意思嗎？再說一句話，就是「意識」與「概念」都混同一意，其謬誤可想而知了」！

巴爾特（Paul Barth）教授，於其所著「社會學之歷史哲學」（第三一三頁）中，對於馬克斯之批評，亦有極奇怪的論斷。即：

「不根據概念，說明社會的生產關係，常以比喻的說明，這就是表示馬克斯對於這些思想，還是幼稚得很。他所謂「社會之經濟的構造」這種意義廣泛的用語，眞不知究何所指。我們因此就不得不於前後之連絡，及散見於馬克斯的著述中之用語，仔細考究一番。原來「構造」（Struktur）這個名詞，不過表明「建築物」的意思，換句話說：就是各種不同的要素相結合，造成一整個全體的意義。因此，他所謂經濟的構造者，是多數部分相結合而形成經濟的完全一體之意義。而其所謂許多部分，——沒有法制，政治相混雜之純經濟的，——因經營形式和交易的統一體之範圍互相作用，互相影響，——此種經營形式，和交易的統一體之範圍，有可大可小的變動性。同時又是極爲重要的東西，標塞爾（BuCher）早已明確解釋了。馬克斯因「經濟的構造」這種語句，就連想出「經營形式」這個名辭。在他隨便發表的言語中，可以看出來。例如他所著「哲學之貧困」一書中（參照該書一一七頁）有左記的一段：

「機械之不屬於經濟的範疇，猶之耕田的牛，不屬於經濟的範疇一樣。蓋機械不過是一種生產力罷了。利用機械之近代的工廠，是一社會生產機關，卽是一個經濟的範疇」云云。此處所說「工廠」的意義，和以後所說之「經濟的構造」相同。因爲直接立於利用機械之地位，所以工廠屬於生產關係，換言之：卽是屬於經濟的範疇」

據上所述，巴爾特氏把「社會之經濟的構造」和經營形式，尤其是工廠經營形式，看做同一意義的東西。並知道經營形式立於利用技術的地位。所以他就把社會的經濟的構造，也看做和技術同一意義。於是生出次記之結論：

「據馬克斯所說「經濟的構造」的意義，即是有一定之技術狀態，而後有一定之經營形式，有一定之經營形式，而後有一定之所有權秩序。依此一定之順序變化，而生出因果關係的排列。此種因果關係的排列，若再繼續推行，就是有一定之所有權秩序，然後有一定之政治的上層建築，有一定之政治的上層建築，然後有一定之社會的意識形態。如此類推，更依其一定之社會的意識形態，可分爲宗教的藝術的，哲學的，等等意識形態」

我們現在把馬沙里克教授醜詆馬克斯所謂「欺瞞」這種字句，稍爲研究馬克斯的學說，實在是從「社會」概念，即是從社會的欲望之總量，及因滿足該欲望所實行之社會的勞動活動之總量上，繼續說明他的理論。他在唯物史觀上，本來單用「生產」二字，就可以充分表現出來的，而他偏要說人類生活之「社會的生產」，就是這個緣故；—馬氏指摘他上述唯物史觀之定義，謂若欲了解有產者的社會之眞相，須在經濟學中研究，—然「人類生活之社會的生產」一語，是什麼意思呢？我們總不能說是人類生活之社會的生產，是單獨的，手工業者之生產，或係單獨的工業部門之生產，或係單獨的工廠經營之生產。乃是勞動活動之社會的總體生產。所謂社會的總體生產者，就是社會組成份子，於特定狀態之下，實行經濟的交互作用之意義。蓋社會的組成份子，不能各自孤立的勞動，必須彼此互相聯絡，實行一般的協同動作，及交互作用。此等關係，馬氏名之爲「生產關係」。其交互作用之總和，遂形成爲「社會之經濟的構造」。換言之，社會之經濟的構造，就是政治的法律的上層建築之基礎。即是該社會之法律生活及國家生活之所由成立，且爲適應於特定狀態之社會思想的基礎。蓋人類之精神的生活過程，因社會物質的生活過程，—經濟過程—而決定；故人類之思想，不能決定人類社會之存在的式樣，反之，社會之存在，卽是社會的生活，倒可以決定人類的思想方法。

以上係研究馬克斯諸定義之思想途徑。馬沙里克教授不解馬氏之社會理論，所以不能理解其思想途徑。原來馬氏所說的「人類意識，不能決定社會之存在，而社會之存在，反可以決定人類意識，」這些語句之中，並沒有什麼「欺瞞」的意思。馬氏原來把「社會」二字，當做問題討論，而偏有人說他討論「社會」時，絕非說明社會的存在，或社會之精神的生活過程之意義，實係表示某一個人的存在，或個人的思想之意義。這種說法，只要稍有頭腦的人，就不能容認的了！

不僅此也，馬克斯所謂「法律的，政治的上層建築（Uberbau）這種辭句，—余以爲就謂之爲上層構造，（Aufbau）亦無不可，—又有什麼不可以呢？若我們把社會之精神的生活過程，（馬沙里克氏說是「概念」（Jdeologie））僅謂之爲生產的關係，◎（Produktivverhaltnisse)——馬克斯和馬沙里克不同，不名之曰生產的關係，而謂之爲生產關係(Produktionsverhaltnisse)的意思馬克斯也有別的用意——之一表徵或一指標。(此二名辭，在，馬沙里克氏均用爲同一意義，)又把物質的「生產關係」「生產方法」「生產條件」三種術語，都看做同一意義，那就必生出許多錯誤了。——然這種錯誤，馬克斯不能負何等責任；因這些語句看做同一的解釋，確是馬沙里克氏之誤解，實非馬克斯夢想得到的。所以誤解這些語句之責任，完全歸咎於馬沙里克一人罷了。

馬沙里克批評之誤謬，大概如上所述。現在我們所急欲研究者，就是「人類生活之社會的生產，」和「物質的生活之生產方法，」及「生產關係」「生產力」等術語，在馬克斯究竟作何解釋？馬克斯嘗謂一切生產，都是社會的機能，何則？蓋一切生產，必與社會的先決之諸條件，及牽聯之諸條件有密切的關係。欲滿足社會的欲望，必先實行社會的共同勞動，即所謂社會的手段。有此社會的手段，才能發揮社會的生產作用。故馬氏對於他所著「經濟學批評」之斷片的草稿內，有次述之議論（見 Neuezeit「現代」第二一卷第一號第七〇一頁）：

「以社會上生產之各個人，——即是以因社會而決定之個人的生產爲前提而討論生產關係，自不用說。但是亞丹斯密氏（AdamSmith）和李嘉特氏（Ricardo）均以各個孤立之狩獵者及漁獵者爲前提，全係屬於十八世紀想像力缺乏之幻想。……我們越發追溯歷史的泉源，越覺得個人，即經營生產的個人，非單獨自立的東西。換句話說：就是屬於比個人大的全體。再詳言之：社會最初之各個人，由個人擴充至家族和部族，都是純粹的自然現象。後來因部族之對立及混交的關係，個人遂爲種種狀態之共同團體的組成份子。至十八世紀「有產者的社會」發生之後，遂變成種種共同依存的狀態了。此時的個人，或因達私人目的，或因外部的壓迫，就不得不利用這種狀態了。但是產生此種「孤立的個人狀態」的時代，恐怕是從來沒有的。（在孤立的個人之狀態時，則是一般的。）社會關係最發達的時代，人類是什麼東西呢？以最普通的話說來人類是一種「社會的動物」（Zoon Politikon））不單是社交的動物，且是要在社會內部才可以孤立的動物。在社會外部，孤立的個人之生產，絕對不能存在。—假設因天災水患一旦漂流於荒山曠野之文明人，或能孤立的從事個人的生產，亦未可知；從動的方面來觀察，這個文明人也可說他已具有社會力—恰與言語同樣，不和其他各個人共同生活，共同說白，則言語當然無從發達的。…………所以我們討論「生產」的意義，當然是指在某種特定社會的發達階段之生產，或指各個社會生活的個人之生產了。

馬氏著述中每遇「生產」這種字樣，如未明白指定個人的生產時，須當作「社會的生產」之意義解釋。勞動分業，與生產之全組織，（或機關 Mechanismus）和生產物之分配同樣，由社會編制，且是種種個人的勞力結合而成的。馬氏於其「資本論」中，具述生產組織

之意義如次：（資本論民衆版第一卷第六八頁）

『社會的生產組織體，是將組織社會之各個份子，（Menbradisjecta）編入於勞動分業之組織內的東西。這個生產組織體之量的組成與質的組成相同，係自然發生的，又是偶然的。因此那些商品所有者，就發見次述之事實，即：（一）分業這個東西使商品所有者，變爲獨立的個人的生產者，又使社會的生產過程和過程上商品所有者之互相關係，也和商品所有者分離；（二）各人相互間之獨立性，由一種完全有物產的互相依賴關係之組織補充之。』

然馬克斯所說明「生產方法」不知究係何意？馬氏上節，於其「經濟學批評中，不採用此種言語，而必云「人類生活之社會的生產」或云「物質的生活之生產方法」等語，又不知係何意義？此事決非如巴爾特教授所說「馬氏因不能明確表現其思想，所以用此喻說明其概念」云云。實係巴爾特氏不能理解馬氏之「生產」或「生產方法」之意義。在資本主義經濟學中，「生產」或「生產方法」比較馬氏所說的「生產」或「生產方法」的範圍，小多得。巴爾特不明此理，所以誤會了通常所謂「生產」，大概係指製造商品的意思。然有時僅指個人之使用物，及生活資料，享樂財，如衣服，靴鞋，日用品等之生產。至於用為製造過程上所消費之資料的生產，例如勞動器具，機械，工廠之建築物，倉庫，運輸機關等之生產的意義，亦間或有之。又「生產方法」一語，若從技術方面觀察之，就是製造此等物品的式樣方法之意。這都是普通的解釋。但馬克斯之「社會的生產」概念，範圍很寬。即於某種社會之發達階級，上為維持社會組成分子之生活計，生產必要的物品，以滿足其生產的欲望；這滿足生產欲望之總和，就叫做社會的生產。換言之，凡維持特定之文化階段之社會生活，生產一切必要物品之行為，都叫做生產。所以馬克斯之所謂「生產」，引伸說來，不獨指社會生活之現在階段的生產，且包括社會生活之繼續的維持與發展之「再生產」。但若要再生產之不斷的更新，就要把那先決條件也反覆的從新生產。所謂先決條件，是什麼東西呢？在今日說起來，如設立各種學校，和創設文化事業，及維持文化事業等，都包括在內。所以馬克斯所說「生產」二字，是包含着教育機關，化學試驗所，博物館等的施設。上述各種機關之必要的施設，如教育指導及勞力、教育手段等之繼續的再生產，亦包含在內。能生產出來的物品，若不和經濟的發展階段相當，分配於社會組成份子間，而共同消費之，則不能繼續的再生產了。尤其那生產物，決不可專供個人的消費。且須適合於生產過程，供給必要的一切器具，如原料，補助材料，技術的勞動手段及勞力等皆是。又須供生產過程，根據一定之經濟的基礎，繼續不斷，反覆生產，才可以繼續再生產。(註)所以社會的生產，又包含「分配之維持」詳言之：卽是建設鐵路，製造船舶，修築街道，橋梁，倉庫，商館等，及維持的行爲，亦一並包括在內了。

(註)「資本論」(第一卷第四版第五二八頁)中有下記的一段：

「生產之各種條件，同樣又是再生產之各種條件。一個社會，如果不繼續將他的生產物中之一部分，轉換於生產要素，做爲生產手段，他便不能夠繼續生產。卽是不能夠再生產了。假定社會沒有什麼變化發生，又不用同種等量的新物品去補足一年內所消耗的生產手段，如勞動工具原料，及補助材料等時，那社會就不能再生產，或維持同一規模的財富。所謂同種等量之新物品，就是要從每年生產物中抽出，復用於生產方面，以從事生產的東西。所以每年生產物的全量之一部分，是居於生產之領域內。」

照這樣說來，我們可以知道馬克斯之「社會的生產」概念，比一般經濟學上所用的術語之範圍大得多。所謂「社會的生產」，是反覆不絕，滿足社會全體之物質的生活需要之意。所以馬克斯用「社會的生活之生產」，或「物質的生活之生產方法」或「生活生產過程」等語句，以表示之。像這種表示方法，或者有人說是過於咬文嚼字，難于了解，沒有磨練的表示方法，也未可料；但據我看來，這種表示方法，不唯不是證明馬克斯的思想沒有混亂，反可以證明他是根本理解社會的經濟過程。

巴爾特氏批評馬氏的話，說馬氏的思想，還沒有到成熟之域，誰知這句話，反不若說是他自己批評他自己罷了。馬氏之「生產」的概念，和巴爾特所說的「經營形式」及「技術」不是同樣的東西。誰也能明白。試問運河，街道，鐵路之建設，或設立化學實驗所，及專門學校等，居於「經營形式」的那一部分？還有一層，馬氏於他的著書中，反覆着數次說明這個定義外，又於「資本論」中，到處解釋他的生產概念的意思。他說：（資本論第一卷一九一九年民衆報一三六頁或第四版一四三頁）

「據廣義的解釋，勞動過程上之手段內，包括勞動作用，和勞動目的物相結合之各種物品。即是以種種方法，引導勞動活動之各種物品此外，又包括一般勞動過程上之必要的一切對象的條件。這些條件？雖不能直接用於勞動過程內，但若欠缺了他，那勞動過程，必定完全不能運用。縱能運用，也是不完全的。這種勞動手段，最普通的東西，就是土地。因土地是勞動者立脚之物，又是勞動者對於勞動過程上活動之所。因勞動而成立之勞動手段，例如勞動建築物，運河，道路等，都是的」云云。

又以上說過的「馬氏之斷片草稿中關於分配」——綜合的生產過程之一部——有下列的說明：

「有人說：「一分配」是生產物之分配，又是和生產分離，對於生產是一種「半獨立的東西」」云云。這是最淺近最皮相之見能。「分配」這種行爲，在沒有分配生產物之先，還要經過兩種分配。即第一，是生產器具之分配；第二，是將這個關係，詳言之：即社會之構成份子，分配於種種生產形勢之下。（在特定生產關係之下，包含着個人。）所謂「生產物之分配」，當然包括於生產過程中，且是決定生產組織之一種結果。若是把「生產」和包括生產中的「分配」分開觀察之，就是一種沒有內容的抽象了。若由別的方面說來，所謂「生產物之分配」，是由本來爲生產之一要素的「分配」

（即這種生產要具之分配，和社會組成份子之分配，——譯者（註））而決定的」云云。

馬克斯又結論說：

「然則吾人所得的結果不是說「生產」，「分配」，「交換」，「消費」，都是同一意義的行爲。這些行爲，都是一個集合體的組成分子，在一個統一體內部所生的差別。生產是包含與別種行爲對立定義時之生產，和其他種種要素」云云。

此外馬克斯於「資本論」中（資本論第三卷第二部四一五頁）敘述更爲明瞭：

「他方面資本主義的生產方法，若以生產諸條件之特定社會狀態爲前提，則資本主義的生產方法，當然是繼續不斷的，把這些條件再生產。這種生產方法，不僅生出物質的生產物，並且把生產這種物品之生產關係，和對應生產關係之分配關係，繼續的再生產」云云。

又說（資本論第三卷第二部四二〇頁）：

「所謂分配關係這個東西是適應於生產過程中，歷史上一定的社會上特殊的各種狀態。又是適應於人類生活中再生產之互相關係的各種狀態。且分配關係，是由各種形態生出來的東西。這些分配關係之歷史的物質，就是生產關係之歷史的物質。即是分配關係，對於生產關係之歷史的物質之一面的表現」云云。

考茨基氏(Kautsky)於其論文「唯物史觀所欲說的是什麼能說什麼」中，主張把應用數學，也加入技術的生產條件之內。—若欲發展社會之經濟的生產過程，不可不繼續的再生產—頗受外人誤解。那論文中，有下記的一段：(Neue Zeit「現代」第十五卷第一號二三三頁)

「哲學者諸君，於自然科學上，若沒有望遠鏡；顯微鏡，衡度器，測量器，實驗所，觀測所等這等東西，決沒有什麼所謂「思想革命」發生。這些東西，不單是能決自然科學上之問題的手段，且是提出問題的手段。但這些東西，不外是經濟發達的結果。—這個結果，爲人類利用，又爲從新發展的原因，自然科學之發展，和極廣義的技術之發展，是携手同行的東西。我們雖說某時代之技術的條件，不僅指那個時代之器具和機械，近代之化學的研究方法，及近代之數學，都是現在各種技術之主要成分。試問沒有數學的應用，能夠造成輪船和鐵路嗎？假設沒有今日之數學，那資本主義的社會，當然不會存在。現今數學之狀態，爲機械上之技術，世界商業上之技術不可缺少的，且係現存社會之一種經濟的條件。他的主要可想而知了」云云。

觀上述考茨基的議論，當然正當。數學之一定的狀態，是屬於生產之技術的條件，極爲明瞭。所以那個狀態的再生產，（更新及維持，）就是——馬克斯所謂「物質的生活之生產」；——勞動活動的複合物了。

第二章　生產與交換

（一）唯物史觀內之生產概念馬克斯和恩格斯（Engels）之間有一種外觀的矛盾　（二）認為一種外觀的矛盾是反對馬克斯的低能論者的見解　（三）馬克斯和恩格斯之間對於生產概念當然有廣狹二義

前章所說馬克斯的見解，不是說社會上生產物之分配，就是生產這個東西；不過分配，確是完全「生產」所依賴之部分機能。所以分配是繼續不斷的，活動於社會綜合生產過程之中。這種見解，恩格斯氏早已發見。恩格斯對於雕林（Euchen Duhring）氏之論爭的著作中，（即「反雕林論」）於第二章「經濟學」內，反覆力說生產之式樣方法，可以決定其生產物分配之式樣方法。即是「生產」之方法不同，而其生產物分配之方法亦異。且非難雕林氏說，把分配「做爲第二次的，或全然附帶的事實」置於生產之外。但是許多學者，見恩格斯這樣的簡單說明唯物史觀之根本思想，尙以爲恩格斯之思想和馬克斯之「經濟學批評」序文中之定義，互相矛盾。縱然不相矛盾，他們亦以爲恩格斯見馬克斯的定義太狹，所以在「反雕林論」內想把這個定義擴充補足。這都是人云亦云之論，沒有什麼價値的。試把恩格斯所說的，記述於下：

「生產及與生產相連之生產物交換，是一切社會秩序之基礎。」換句話說：「凡在歷史上，一切的社會生產物之分配，及與生產物分配相連之階級，或身分之社會的組成，是因生產之種類方法，及生產物之交換方法而決定的。唯物史觀，就是以這種題辭爲出發點。」

凡是反對馬克斯主義的批評家，都以這種題辭，做他們的反對論據。他們都說：「馬克斯僅論到「生產關係」而恩格斯則於生產關係之外，更附加「分配」和「交換」二種關係，修正馬克斯之學說而已」云云。

我們於前章說明「馬克斯之經濟概念」時，把世人誤解馬克斯的原因，說明過了；所以對於這種論辦，差不多沒有再加說明的必要。這種論辯明明是完全沒有把馬克斯的說明了解清楚。馬克斯的物質的生活之生產概念，包括個人的生產物之消費，和用於生產物品的消費。所以分配關係，尤其交換關係，也應包含於生產關係之內。馬克斯和恩格斯兩者間之概念只有以下所述的差異，即馬克斯於「經濟學批評」之序說中，說明社會生活之綜合的生產；反之，恩格斯則於「反雕林論」中單是說明「商品生產」之概念。所以比較馬克斯所說，其範圍狹得多（參照次章）。因此恩格斯恐怕有人誤會於經濟的生活內，沒有說明分配（商業）關係，所以特將「及與生產相連之生產物交換」之語句，附加於「生產」之後。（見前引用恩氏之語句）。

生產物之分配，因生產物之製造作用關係，而為社會的全生產過程中之部分機能。所以我們可以說：「分配關係和分配形態，在經濟發展之過程中，是常常變化的。並且對於社會生活，亦有種種的不同的意義。」在原始時代，如在漁狩民間，及在比較幼稚的農業時代，所謂生產物之分配，不能是一種從屬意義之行爲。那個時代，生產的意義，完全是爲着個人的，尤其是爲着家族的需要而起的，但是到了今日，生產物之分配，是與維持生產必要的商業上，及交易上之技術等，皆在經濟經營中同占極重要的位置。與古代生產物之分配相比較，實有極大的差別。但是今日的分配方法，還是決定於製造方法。又分配關係，不過是經濟交互作用——由生活資料之綜合的生產而起的作用，——之一部分罷了。現今之分配關係雖比較文明程度較低之時代，占經濟構造的重大部分，那是不錯的，但亦不過占着一部分而已。

第三章　生產關係之意義

(一)贊成資本主義的人都說生產關係就是技術關係　(二)「資本論」中馬克斯之見解　(三)人類于其社會的生活過程卽人類加入社會生活之生產時所構成的社會關係　(四)馬克斯于其著「工資勞動與資本」中所述之意見　(五)在社會的勞動過程中依各人之經濟的共同活動而發生之社會關係　(六)分配關係也是生產關係之一部　(七)阿得拉(Mad Adler)之生產關係和自然關係相混同　(八)瑪柯思罕爾克說「生產關係又是法律關係所以兩者並存時則法律關係卽可以反作用於生產關係　(九)生產關係是與人類意識獨立的(身不由已的)一定之必然的關係

有人連馬克斯所說的「物質生活之生產」都沒有懂得清楚，若單說「生產關係」更不消說了。生產關係是什麽呢？一般贊成資本主義的批評家都說：「生產關係，是技術的關係，換言之卽是說工廠設備，產業部門之互相關係，取得原料行爲，販賣商品之方法，農業經濟之地質關係，分配耕作地方等各種關係便是。其實馬克斯的見解，完全和這種定義不同。他說：「生產關係，是一種所有關係，卽以個人在社會上生存諸條件爲基礎的「二律背反」所生之所有關係同是又是資本主義的生產關係」云云。若依此解釋，則凡人都是很容易明白的。試問技術的設備，地質，耕作方法等，是不是有社會的「二律背反」性質之所有關係呢？我們若讀馬克斯之他種著述，如「資本論」，則問題更加複雜。馬克斯說：「所謂生產關係，同時又是法律關係，支配關係，隸屬關係，（『資本論』第三卷第二部第三二四頁）或是資本家對工資勞動者及土地所有者之關係（同四一二頁）云云。又說：「工資之法律關係，也應該做爲生產關係之一種（同上四一三頁）。」或謂：「所謂生產關係者，是生產力和取得生活資料之方法相結合之社會關係也。」（「哲學之貧困」一八八五年版第一〇一頁」）云云。再則資本是什麼東西呢？據馬克斯說：「資本是以物爲媒介的人類互相間之社會關係。換言之：是一種歷史的生產關係。那種關係是某人對于社會將來之生產的權利名義。即指不支付工錢，亦能領得他人之勞動，或領得其生產物之權利」云云。（「資本論」第一卷第四版第七三二頁）（民衆版六九三頁）

「生產關係」一語一般的人都說是「技術的」成「機械的」經營關係。（Betriebsver-haltnisse）其實馬克斯的解釋，與他們不同。馬氏以爲生產關係，是組成社會的分子，參加社會的生產過程，分担過程各部分所發生的種種經濟關係。」所以馬氏于「資本論」（第三卷第二部四一五頁）中說：「生產關係，是人類于其社會的生活過程，即于人類之社會的生活之生產，（人類爲維持社會生活，而從事生產——譯者註）互相參加，互相動作之種種關係。」同時又定義說：「生產關係，是有特別的，歷史的，經過的一性質之種種關係」云云。

然則「生產關係」之意義，究是什麼？把「唯物史觀」所論的再說一遍，我們就曉得，生產關係，並不是經營之技術的關係，乃是人類在社會的經濟過程中，協同動作時，參加者間所生的一種互相作用罷了。——馬克斯已于一八四九年所著之「工資勞動與資本」中，確切說明此理。但世人還有不能理解的，實屬怪事。那論文中有一節說：

「人類生產物品時，不獨對于自然施以動作；且人類之間，亦互相協動。人類在一定方法之下，共同動作，且互相交換各人之活動，才能夠生產物品。因爲要生產物品，所以人類都加入一定之聯絡，一定之關係。並且社會上也有一定之聯絡，和一定之關係，對自然施以動作時，才能有效，若此才能生產。……

「生產者互相加入的，這些社會關係，——人類在這些社會關係之下，交換各人之活動，分担生產總和中之工作，——因生產手段之性質不同，而這些社會關係也當然不同了。……

「各人在某種條件之下，從事生產之社會關係，即是社會的生產關係。那生產關係，隨着物質的生產手段，——生產力——之變動，及發展，而變化，各種生產關係的總和，就叫做「社會關係」又名「社會」這個社會，有一定的歷史的發展階段，有固有的特殊的性質。……

「……資本也是一種社會的生產關係。就是有產者的生產關係。引伸之，就是有產者之社會的生產關係。資本這個東西，是生活資料勞動器具原料等所構成的。這些東西，豈不是在某種社會條件之下，一定社會關係之內，所產出，所貯蓄的嗎？又豈不是在某種條件之下，一定社會關係之內，利用于新生產的嗎？這種一定之社會的性質的東西，利用于新生產的生產物，豈不是資本嗎？」

北美利加印度人之一部落，和他部落結合，從事狩獵生產，我們可以說他們的部落之間，成立一種生產關係。假設美拉尼西亞（Melanesia）之酋長，和某從事掠奪的戰爭團體(Kriegsgenosseuschaft) 相約坐地分贓，把酋長所有的大船借給戰爭團體，這也是一種生產關係。同樣，今日工廠主，以工資僱用工人，又或由某銀行借款支付工人之工資，這也是一種生產關係。所謂生產關係，是社會各人之相互作用，就是在社會的勞動過程內，依各人之經濟的共同活動而發生的。恩格斯曾于倫敦勞動者「民衆」日報上，論評馬克斯所著「經濟學批評」，把這種理由，說得極為確切。（一八五九年八月二十日）

「資本主義經濟學，以商品為出發點，換言之，生產物——不問其在個人間，和自然發生的團體間，——互相交換的時候，即是資本主義經濟學的出發點。生產物一入交換之範圍，就算是商品。但是生產物，要和兩個人間之關係，或兩個共同團體間之關係結合，換言之：即要和生產者與消費者間之關係連結，——生產者和消費者，此時已不是同一個人了，——才能變為商品。這就是把經濟學全體，並且是把資本經濟學者先生們的腦經弄得一場糊塗的特別地方。經濟學不是研究物品的學問，是研究人類各種之互相關係的，即是研究各階級間之關係的學問。而這種關係，又是常常和物品結合，以物品表現的」云云。

馬克斯也屢次說明這種同樣的事實，「資本論」中有一節說：（第一卷第四版第四七三頁民衆版四四八頁）

「要之，」生產的勞動」之概念，不唯含有活動和利用的效果，及勞動者和勞動生產物之間之關係，且含有以勞動者爲增加資本價值之直接手段，及有一定之歷史的特別社會之生產關係」云云。

蓋社會的生產，含有生產物之分配；所以分配關係，也當然屬於生產關係。由馬克斯的立論說來，自無庸諱的了。馬克斯有時把分配關係之本質，也看做和生產關係是同一的東西。他說：「分配關係，不外是生產關係的反面，所以兩者都有同一的歷史的過程的性質」云云。（資本論第三卷第二部第四一五頁）馬克斯又批評西思蒙第（Sismondi）說：「他（西思蒙第）對于以下的兩個問題，常躊躇再三，不知如何決定才好。就是（一）欲將生產力適應于生產關係時，那生產力，是否應受國家的支配；（二）欲將生產關係適應于生產力時，那生產關係，是否應受國家的制限。關于這兩個問題，他總是以過去作例解，總可算是一個美贊堯天舜日的人了。(Laudator temporis acti) 他的種種矛盾，就是對於資本則欲以別種方法處理收入，又對于生產，則欲以別種方法處理分配。他不解分配關係不外是生產關係之一種變形 (Subalia specie) 的道理」云云。(剩餘價值學說史第三卷五五頁)

某社會內，一切生產關係之總和，馬克斯把他叫做「經濟的構造」。這個名辭，對于批評唯物史觀時，引出許多奇怪的解釋。其實「經濟的構造」之眞正意義，不外是，「由各時代之社會的勞動組織，所發生的經濟的相互作用之總和」罷了。

馬克斯所說「生產關係」的意義，許多的社會主義理論家，尚有不能了解者，這也是誘導一般人，對于馬克斯之定義，生出奇怪批評之一原因。例如瑪柯恩阿得拉 (Max Adler) 氏於其著「馬克斯理論之社會的意義」中說：「生產關係，是製造，保障，維持人類生活之必要品的，人類之基礎關係」云云。又說：「人類生存地方之地質，及自然之特質，也屬于生產關係。生產關係的總和，就是形成所謂社會的領域。人類應各種時代，生活于社會的領域內，且于此能尋出自己的活動」云云。（格林波格（Grunberg）主宰「關於社會主義及勞動運動之歷史文集」（Arclriv）第四年度第一九頁）

只要將「生產關係」誤解一些，見就不能理解馬克斯的社會觀。人類居住地域之地質，及其他地理的性質，是一種自然關係，不是生產關係。比方阿得拉氏所說地質，是所有關係及法律關係；或說地質是社會關係，即如馬克斯所說的，「人類於其物質的生活之生產，互相加入的關係」一樣，都是不對的。蓋地質這個東西，在經濟發達之過程，能引誘人類，使其構成一定之生產關係，到是有的。詳言之，即地質能助長發生特定之「用益關係」「租借」「所有」「動勞」等關係，所以能引誘人類造出一定之生產關係，則可以說得的。若說地質本身，就是馬克斯之所謂生產關係，那是不可以的。

實在馬克斯自己也論過「封建的」生產關係，及「有產者」或「資本家的」生產關係。他並且說：「這些生產關係，就是社會的關係，同時又是所有關係，及法律關係」云云。比方土地之用益關係、或租借關係，所有關係等，由法律上考察之，不用說是法律關係了。即某團體或某個人，對他用益者，於一定條件之下，附與利用土地之權利，這是用益權者，對於所有權者的一種法律關係，這種關係，同時又是所有關係。蓋附與使用收益土地之權利於他人的團體或個人，必係該土地之所有權者，或占有權者。又團體或個人交附土地於用益者時，縱然不得完全的所有權給他，也必須把屬於個人或團體之用益權，或處分權之一部分，讓與用益者。同樣的說法，工廠主與勞動者之關係，也不用說是法律關係，又是所有關係。勞動者取得工資，賣勞力於工廠主；反之，工廠主支付工資，取得勞力，因取得使用勞力於其工廠之權利。工廠主依其所有的——不是勞動者所有的，——各種器具，原料，及補助材料等，使勞動者造出一定之生產物，而收得此生產物之所有權。

生產關係，有法律的所有權的性質，也有許多人沒有了解。連許多信奉馬克斯主義的人，也沒有弄得淸楚，豈不是笑話嗎。德國第一回社會學會（一九一〇年十月十九日至二十二日）於法蘭克福爾特（Frankfurt）開會時，窣爾克博士反駁遜姆伯特（Sombast）教授說：「據唯物史觀所論，經濟關係或生產關係，是決定社會生活之形態的東西；同樣，所有關係和『所有關係，在經濟的技術的事物上，所生之反作用』也是決定社會生活之形態的東西」云云。（第一回法國社會學會大會記錄九三頁）這話說錯了。要知道，生產關係和所有關係，依馬克斯的見解，決不是並存的關係；即不是全然不同的關係。生產關係，出法律上觀之，即是所有關係。換言之：依唯物史觀的定義，所有關係不過是生產關係之「簡單的法律的表現」罷了。

因馬克斯有所謂「社會之經濟的構造」一語，遂使批評他解釋他的人生出種種不同的意義。通俗說，這個名詞，是技術的關係之意；詳言之，即是說「技術的經營關係之總和」之意。生產方法和生產技術，屢有混同，就是這個原因。所以有人就發一種奇怪的問難說：「生產之「機構」，如何能轉置于一定之觀念形態呢？

這種混同，當然是不合理的。因為馬克斯的「社會之經濟的構造」一語，沒有「技術的經營關係之總和」的意思，乃是「人類于一定社會形態之下，製造生活資料時，由種種構成社會份子之間所生經濟的互相關係（團體關係，及個人關係）之總和」的意思。馬克斯之有名的歷史理論（即唯物史觀——譯者註）中，並沒有說什麼生產技術的各種關係，或工廠技術的各種關係，他只說：「人類為維持其生活計，加入于社會生產之『一定的必然的與人類意識獨立的關係。』（即強制于其經濟發展的關係。）又附加一句話說：「此生產關係之總和，即形成社會之經濟的構造」云云。由是觀之，馬克斯的見解，可以明白了。

第四章　生產力與生產條件

(一)生產力之意義　(二)適用于社會生產過程之各種「力」　(三)「勞力」「技術力」「自然力」(四)「物的生產力」與「人的生產力」　(五)自然力是構成生產力之一要素　(六)勞動不是一切財富的泉源　(七)關于此點馬克斯于「皐塔(Gotha)綱領批評」中所表現之見解　(八)在生產力中占最重要地位的就是人類之勞力勞力之歷史的發展　(九)人類之勞力於肉體的勞力之外尙含有精神的勞力　(十)勞動生產性之增大不僅基因於技術之熟練及勞動之強度且須依分業之協同動作　(十一)「剩餘價值學說史」上馬克斯說明機械對於勞動過程之作用　(十二)技術力是人類勞力增加之表現且係一種獨立要素並能支配人類勞力　(十三)所以人類之勞力在生產過程中完全依賴有效之技術力　(十四)生產條件之意義　(十五)社會的勞動過程和他的不斷更新之自然的技術的社會的前提條件　(十六)「生產條件」「生產力」「生產關係」　(十七)「生產關係」「生產

方法」「生產條件」三種馬沙里克說是異語同義

(十八)對於馬沙里克氏的反駁

「生產力」及「生產條件」也和生產關係一樣屢屢招人誤解。有人說：「『生產力』是專指『各種技術力』的總和，即是包括用于生產上之各種機械，即原始的器具也應該包括在內」云云。這是一種大錯特錯的解釋。據馬克斯之見解，「生產力」是應用于社會生產過程之種種力量之謂，所以應該包括自然力，人類及動物之力和所謂「技術之力」數種。故「生產力」有「物的生產力」和「人的生產力」二種。物的生產力，如土地之生產力，(肥沃程度)熱力，水力，風力，蒸氣力，電氣力等，以及各種機械力，都是這些力用于勞動過程時，都可以算爲物的生產力。物的生產力，(不單只用爲動力，例如用風車水車韜力發動機等)並且用于生產物使起化學變化。利用太陽熱，漂白一定之纖維素，或紡織物，或使某種液體醱酵，與利用急流推進水力渦輪，同樣是一種生產力。自然力，有時不單獨的作用，往往和人類之勞力相結合，或和一定之技術力相結合，而于生產過程上，發生作用。例如，上述太陽的漂白力，須人類的勞力，將該纖維材料預備，置于漂白過程之後，才能發生作用。又水流，是其水量之一部分，灌注于水車之上，才能發生動力，以供工程之用。以上二例，都是自然力和人類之勞力相結合，才能發生作用。那自然力，不唯沒有失却他的生產力之性質，而且和各種生產力協同作用，爲進步的生產過程之一特性。所以馬克斯也說：『勞動和自然』換言之『土地和勞動者』都是一切財富的泉源」云云。（資本論第一卷第四版第四七二頁）他又于「皋塔（Gotha）綱領批評」中，反對該綱領的頭一句話「勞動是一切財富的泉源」。他說：「勞動決不是一切財富的泉源，自然也和勞動一樣，——勞動本身不外是一種自然力，卽「人類」勞力之表現，——同是使用價値之泉源。（而物質的財富，實是由這種使用價値成立的！）以上所引用的「勞動是一切財富的泉源」一語，凡是兒童用的初步書中，也可以找得出。那句話的意思，要照以下的解說，才是正當；就是「單只勞動，不能爲一切財富的泉源，須與自己所有的目的物，及勞動手段相結合，而從事勞動，才能爲一切財富的泉源。」但社會主義的綱領，不應該用資本主義的語法；即是社會主義的綱領中，不應該使用僅于資本主義之下，始可視爲有意義的諸條件之語法。本來人類對于「自然」這個東西，要在所有權範圍以內，才能爲一切勞動手段及勞動目的物之第一泉源。即是，那自然要屬于人類自已所有權範圍以內，那末，人類的勞動，才能產生使用價值，才能爲一切財富的泉源」云云。（「現代」(Nenezeit)雜誌第九年度第一號第五六三頁）

依馬克斯的見解，人類的勞力，是于全生產力中，占最重要的地位。人類勞力的裏面，除肉體的勞力外，還有精神的勞力。因爲勞動過程，是全體的統一的，不是單純的個別的。所以包括腦經勞動和手工勞動。上頁所引用馬克斯的見解，是說自然力起初是單純的，即是發源于人類之肉體屬性的勞力，在發展過程中，漸次受社會的影響，遂變成一種有社會性的力量。蓋勞動者對于外界之自然，施以勞動作用，且從而變化之；同時，他又適應自然，改變自已的本性。馬克斯說：「勞動者發展自已之自然的潛勢力，並將其活動置于自已支配之下」云云。所以今日人類的生產力，是一個歷史發展的產物。社會的生產過程愈發展，則人類的勞力愈進步；並且生產過程中很需要這種進步的勞力。我們不令澳大利亞和波里內西亞（Polynesia）土人之勞力，直接參加于近代資本主義的生產組織內，從事生產；又不使野蠻民族，監視複雜的機械，或執行技師之業務，都是這個理由。現今資本主義的生產勞動者之工資並不是單純的勞力支付而已；勞力之外，尚有勞動者習得之知識和熟練習慣，及其他各種特性等，都是歷史的發展之產物。所以支付工資的時候，不可不一並考慮。今日之勞動關係，也是同樣。勞動關係，不是活動和利用效果之間之關係，同時又是有歷史的發展之社會關係。

但是勞動過程生產性之增大，不單只靠着勞動者技術之熟練，和勞動之強度，才會發生的；那分業之擴充與分業相結合的協同作用，——在同一工廠內，種種勞力之協同作用，——都能增大生產性。因為這些力量的綜合，能發生新作用力的緣故。

機械能促進勞動能率，所以能促進勞動過程，同時人類和動物之勞力所不勝任的工作，機械也能担任一部分。所以技術之進步，如器具之改良；和機械用途的增加等，更必繼續不絕。——馬克斯于其所著「剩餘價值學說史」內說（第三卷四二七頁）：

「勞動生產性之增大，與機械大有關係，應用機械之數目，和範圍愈多，則勞動者之數目愈少。就是應用機械之數目，及範圍，與勞動者之數目，成反比例。機械是一切器具之完全的集合體，雖是形狀略有變更；都是爲廢止單純的，廉價的器具而出現的。這各種器具的集合體，當有其集合體之力量，且傳達該力量的機械之全部，亦算在內。又造出蒸汽動力必要之煤炭及其他材料及建築物等，亦須附加在那裏面。所以勞動者不運轉一台之紡織車而僅看管千八百之紡錘便了。現在想必沒有這種蠢人，問，「爲什麽千八百之紡錘的價格，沒有一台之紡車這樣的低廉呢？」因爲生產性之增大，全恃投于機械之資本數量而定的」云云。

技術的勞動手段（工具），實是人類勞力之產物。又技術的勞動手段，要勞力運轉，才能發生作用。所以我們可以說，技術力是人類勞力之增加，或增加的表現。換言之：是一種「附加的」生產力了。但是我們照以下說法，也是通的。卽技術的勞動手段，是生產過程內之一種獨立的要素，且使人類勞力之機能——存于各種生產領域內的各種關係，亦同——跟着其技術的勞動手段之各種條件而動作。所以我們可以說，在生產過程內人類的勞力，依賴于有效的技術力。

「生產條件」是什麼呢？馬克斯所說的「生產條件，」當然和「生產力」不同。「生產條件」是社會的勞動過程，和其繼續的更新之前提條件之全部。要在此條件之下，那過程等，才能有效成立的。生產之第一條件，就是「自然條件。」所以比方某國若要創造煤炭工業時，必定要有煤鑛地層存在。又某地方出產某種特定的果物，也是那地方有一定地質，和一定氣候存在的緣故。又如若要用水力爲動力，則必須具有急流的瀑布存在。這些事實，都是自然條件的例證。——馬克斯說：「這些自然的條件，經濟上可大別爲二類：第一，是生活資料之自然的富源；如土地之肥沃程度，富于魚類之河，海，湖，沼等；第二，是勞動手段之自然富源；如瀑布，河川，木材，金屬，煤炭等。在初期之文化階段，第一種自然富源，最爲重要。在比較文化發達之階段，第二種自然富源，有决定生產種類之力量」云云。（資本論第一卷第四版四七六頁）

社會的生產過程之發展，除依賴上述各種自然條件之外，更依賴一定之技術的勞動手段，和社會的施設行爲。假設織布的機械毀壞或缺乏，若不再造新機械來代替，則當然不能繼續製造一定之織物了。再各種一般的社會的先决條件，也和社會的生產過程之發展有關係。例如有一定特質之多數勞動者之存在時，欲使這些勞動者的再生產，須有維持其生活之必要條件。更須有獲得其必要原料之可能性，販賣過剩商品于國外之可能性，由鐵路，輪船，輸送商品之可能性等，都是社會的先决條件，都是和社會的生產過程有關係的。

由是觀之，「生產條件，」是繼續一定之社會的勞動過程，所必需之自然的技術的，及社會的，前提條件之意義。反之，「生產力」是使用于勞動過程的，自然力，勞力，及機械之意義。「生產關係，」是由勞動過程自然發生之社會關係之意義。所以馬沙里克說「馬克斯將「生產關係」「生產方法」及「生產條件」三語用為「同一概念」云云，適足以証明他對于馬克斯所主張者，毫沒有理解了。

假設馬克斯把完全不同的三種概念，視為同一的意義，置于同一基礎之上，那末，他的論理的錯誤很容易證明了。即馬克斯之「經濟學批評」序文中，所說的唯物史觀，據馬沙里克氏的解釋，最初就會生出論理的矛盾來。蓋「生產關係，是適應于物質的生產力之一定發展階段……」云云一語，據馬沙里克氏之解釋，不外是「生產關係適應于生產關係本身之作用性」的意思罷了。但是馬克斯的解釋，實在和他不同，馬克斯說：「社會份子之經濟的相互作用之形態，由生產社會上全部之生活資料時，所用的生產力如何，及此等生產力如何協同動作而決定的」云云。

又馬沙里克氏對于馬克斯所著「哲學之貧困」中所說一段，怎樣的解釋呢。茲將（馬克斯所說的）原文摘錄于下，再研究馬沙里克之批評的是否正當。（「哲學之貧困」一八八五年版一〇一頁）

「經濟學者普魯東君，對于人類在一定生產關係之下，製造毛織物，麻布，絹織物等事情，是很理解的。但這些一定之社會關係，也和麻布亞麻布等同樣，是由人類生產出來的，他就沒有理解了。社會關係，是與生產力互相密接的。人類獲得新生產力之後，即變更其生產方法。生產方法——換言之，即人類獲得生活資料之樣式——一有變更，同時人類之社會關係，也一定會起變化的。」……

假設「生產關係」「生產力」「生產方法」三個名辭，誠爲馬沙里克氏所說，是對于同一概念之不同的表現，那就上文所引用馬克斯的文章，可說是把同義語詞，反覆的說明了。其實馬克斯的解釋，完全不是這樣的。他的意思，是說：「無論那一社會的生產，都是以一定之經濟關係爲前提，（例如今日之資本主義的生產，以工資勞動者爲前提的一樣）所以社會上，要有這種關係存在，才能生產。但是這種關係，決不是自然發生的，乃是人類于其發展過程內造成的。此種經濟關係，和下列各問題，是不能分開的。卽人類欲圖一社會之生存，生產社會上必要之生活資料時，應採用什麼方法生產時，應用何種自然力；能夠用什麼樣人或動物的勞力；能夠用什麼樣的機械等，都是與經濟關係互相密接的問題。假設這些種種的新力量，能用于社會生活之總生產內，（例如發見新力量，或發明新技術之結果，）那末生產方法，一定會起變化；同時，社會份子之經濟關係，（生產關係，）也會跟着變化的了」云云。

經濟概念

第五章　經濟生產過程之構成要素

（一）社會生產最低階段之構成要素　（二）第一期原始人之勞動是在獲得「天然」的物品　（三）第二期以人類身體諸器官爲勞動手段且用爲達到目的之有力的手段　（四）第三期器物機械之發明　（五）技術的勞動手段之發展　（六）生產過程之三種構成要素　（七）馬克斯於「資本論」中關於勞動過程之要素的見解　（八）勞力自然技術三者互相作用互相牽制的關係　（九）勞力之發展全恃乎技術　（一〇）應用技術之勞力能支配自然　（一一）技術之優劣全恃乎自然的社會的環境

社會的生產過程，是一種有組織的組合體其中有種種的因素互相協同作用已於前章說明。「生產力」時解釋過了。在這個過程之最低發達階段，人類的勞動，是在以獲得天然的物品爲目的。人類自身還沒有如現代意義組織的生產物的物品所以人類最初的社會，完全是「天然的」生產物品。人類的勞動活動，不過是獲得「天然」所生產的物品，以供給自己的用途罷了。比方，在那未發明鑽木取火以前，人類盡是茹毛飲血，食品概不烹調，把自然所生的物品，如胡桃，鳥獸之類，生吞活剝的，吃着過日。所以原始人類，維持他們的生活，採取相當自然的材料，僅用他們身上的自然力，——粗蠢的自然力，——如用手足，齒等，以對付自然之材料罷了。故當時原始人類，所依靠者，完全是自然之力。他們既是伴着自然力，依賴天然物品，所以他們所住的地方，當然也是自然物產富饒之區，果實容易繁殖之地。這都是他們生存的必要條件、若在那荒蕪的高地，廣泛的砂漠，或寒冷的北極，當然不能生存人類了。

但是人智日漸發達，遂有所謂人工的器具，卽勞動手段者，爲人類的臂助。此種器具，增加人類身體上固有諸器官之力量，互相作用，以取得人類欲求之目的物（對象）是爲達到目的之有力的手段。例如，人類利用木棒以擊物，就能增加手腕的長度，利用堅石以投物，就能增加拳頭的重力。這二種物品雖是極幼稚的器具，但他們能利用此等器具作手足之補助，實可算得是開我們今日生產過程所用進步的技術機械之先河。無論何人，都不能否認的。原始人類，自利用這種幼稚的器具後，——最初利用時，器具和武器，都是一樣的東西，——他們獲得自然生產物，不但比以前容易多了，且更利用於生產物上，以適應人類之生活欲望。例如，人類知道利用投石打鎗棒之後，他們捕殺獸類時，就不必躲躲藏藏，走近禽獸傍邊，始敢動手了，又遊牧民族的獵人，可以從一定的距離，投鎗丟石等捕殺獸類，縱然不死，恐怕也是逃不脫的。他們又知道製造粗笨的石刀(Steinschaber)，把捕得的獸類，剝皮切肉，取油等，做爲種種的應用。

原始人類，於其獲得生活資料之範圍，漸漸擴大後，他們遂利用肉體的器具，和人工的器具，使自己自然的勞動，更進而利用自然力，以從事於耕作及馴養野獸等業務。所以文明程度，比以前更加發展進步了。

由此看來，所謂(勞動過程)這個東西，是在技術的勞動手段助力之下，自然力和勞力兩者互相協同動作而表現出來的。所以勞力，自然，技術三者，可謂之爲構成生產過程之三大要素。——馬克斯亦視此生產過程爲「一種人類的活動，即人類假勞動工具之助力，於勞動目的物之上，引起預計的變化」，而「資本論」第一卷也有下記一段文辭（第四版一四一頁民衆版一三四頁）：

勞動過程之單純的要素有三：即（一）人類之目的活動，換言之，即勞動本身；（二）人類活動的勞動目的物；（三）因勞動目的物而活動之勞動的器具是也。

供給人類必要品——生活資料——之土地本來即是存在的，（由經濟上言之，水也在內）此土地的存在，不須人類的助力，且可以作爲人類勞動之一般的對象。因勞動之作用，凡與地球直接的結合，而可分離的一切事物，不問其種類如何，都可視爲天然存在的勞動對象，例如與生活要素之「水」所分離的魚，換言之，人類由水中所捕獲之魚，由原始的森林中砍伐之樹木，由鑛山中所採掘之粗鑛石等，都是。……又……

所謂「勞動手段」者，是勞動者自己，與「勞動對象」之間；利用後者（勞動對象）爲傳達自己的活動之一種東西。或是這種東西的複合體。勞動者根據自己之目的，以甲種東西爲勞力的手段，使於乙種東西發生作用；所以常利用前者（甲種東西——譯者註）之機械的，物理的，化學的種種性質，比方採取已熟之果實，爲生活資料時，勞動者自已之身體上諸器官，雖爲採取果實之有效的勞動手段，但此種事實，暫且不論，然勞動者直接採取的對象（目的物），不是「勞動對象」，乃是「勞動手段」。此種時期「自然物」這個東西，就是勞動者的活動之器具，換言之，自然物附加於勞動者的身體上諸器官，——雖有聖經敎訓，也不管他，——就是把勞動者本來的體格增大，或延長的一器官。

土地這個東西，是人類生活必要品之原有儲藏所，同時又是勞動者的勞動手段之原有儲藏所。例如土地供給勞動者之石頭，他就能把石頭自由利用，如投之，磨之，壓物，切物等，皆可聽其自由利用。且土地本身，也可算是一種勞動手段。但若利用土地爲農業上之勞動手段時，則非有他種勞動手段，和比較發達的勞力與之協同動作，必不能發生効力。總之，勞動過程發達至一定程度時，卽感覺有熟練的勞動手段之必要」云云。「勞力」，「自然」，「技術」三要素，於生產過程中互相協同作用時，看做三個完全獨立的要素，確是一種錯誤。其他，有謂由其形態及作用上言之，此三種要素，是互相牽制的。這種見解，就越發的錯了。蓋勞力之發展，無論其爲精神的，或爲肉體的，俱是根據勞力所利用的勞動手段（技術）而定。同時又是根據勞力對技術所使用的自然對象而定。勞動過程反覆的次數愈多，那熟練和能力，也就越發的進步。現今文明人所以有熟練的特長，就是這個原因。比方以砂石爲武裝之原始人的手，操練再三，才能產生今日熟練機械工人和凡烏林（Violin）彈手。由那放浪生活的野蠻人之倦怠精神，才能產生今日思想家的精神。諸如此類，都是勞動過程反覆熟練的緣故。

他方面言之，勞力在相當程度之內，對於自然和技術，有積極的反覆作用。人類把自然漸漸征服，如墾荒耕作，飼養動物，採伐森林，開拓殖民地，開鑿運河，排沼澤之水，掘地下之坑等，都是征服自然之工作。然欲征服自然，必須發明進步技術的勞動手段，且須熟練之後，才能奏效。常言說：「技術是聰明的「人類精神」之產物」這是不對的。蓋技術這個東西，全恃乎自然的環境，或社會的環境而定其優劣。所以「技術」的成立，和利用，都與那「自然的條件」及社會的條件，有極大的關係。比方，沒有埋藏鉄塊的地方，當然沒有鉄的技術之發明，廣大無邊的沙漠地方，也當然沒有航海術的發明了。不僅一定技術的發生如此，即其使用，也是要一定的自然條件和社會條件相伴的。比方，在繁茂的原始林中，澳大利亞的黑人，不能使用「射擲武器」(Bnmerang)，因爲在樹木稠密的森林中，若使用射擲武器，亦必爲森林樹木所阻碍，或掛住，絕對不能有達到目的之效用。在砂礫大石的山地，幼稚的農夫，不能使用木犁農具以經營耕地，也是這個原因。所以各種生產力之間，均有密切之關係，及互相牽制，與互相影響的作用。因有此種互相協同的作用，才會發生社會的生產過程。若把此種力量的一部，如自然要素，或技術等，由社會的生產過程中抽出，仍與生產過程同樣看待，那是不合理的。即是，全部和一部的混同的錯誤了。

第六章　地理的生活區域

(一)使經濟生產過程之三構成要素化爲孤立的就是「自然環境說」　(二)古時希臘對於社會發展之「自然環境說」(三)波當(Bodin)氏之一觀察　(四)黑爾特(Herder)氏以爲自然條件能決定人類之生活方法因此又能決定人類之思想方法　(五)拉測爾(Latzel)之人類地理學的歷史觀　(六)馬克斯對於「自然環境說」之批評　(七)單純之地理的要素不能影響生產過程　(八)地理的要素僅對於一定區域內之住民的經濟方法(生活資料之生產)有影響時始可算爲一要素　(九)是否利用自然條件全視人類之勞動方法和勞動手段而定　(十)由自然條件的獨立化　(十一)人類對於地理的生活區域之從屬性漸次變爲對於社會環境之從屬性　(十二)「反雕林(Duhring)論」之論據

我們考察社會和歷史的時候，須把現在社會的勞動過程中協同作用的三個構成要素，看做互相分離的獨立的單以某種要素，爲決定社會生活及其歷史的發展之因子。古時希臘的學者，如希波革拉第（Hippocrates）斯特累波（Strabo）等都說：「自然的關係，——詳言之，卽氣候，地理的位置，及土地的形勢等——是決定社會之性質的因子。」引伸言之，卽是在種種地方，種種氣候狀態之下，人類實際的性質，習慣，特徵等，亦有種種之變化。由這種觀察，就可以得以下的結論。蓋氣候，地勢，都是決定人類之性格的東西。而社會是人類所組成的，所以又是決定社會之性質的東西了。

第一應考察者，就是自然之影響，我們可視爲一種純粹身體的有形的東西。如寒暑，空氣之乾，濕，各地因自然出產而供給于肉體的營養物之種類等，都是決定人類之肉體的屬性。同時又是決定人類之精神的屬性的東西。如人類之忍耐力，怠惰性，與奮性，感激性等，皆是此類。處人類之精神的屬性，確受其肉體的屬性所支配的緣故。但現在把氣候和地勢之影響于人類勞動方法者，始置勿論。我們大家都知道，甲國以經營農業爲主，乙國以經營牧畜或商業爲主。有人說：「職業之所以有此種差異，皆因其國民的嗜好、和性格氣質不同的緣故。」一概觀人類的文化，最初僅限于東方地中海沿岸之地域，漸次涵淹于中歐及西歐諸國；至十五六世紀，又浸潤于亞細亞及阿非利加之一部；到了現在，受過文化洗禮的國家，都各有其勞動方法和熟練技術。各地域都各有其特殊的地理特徵。所以「職業」和「技術」也各各不同了。」這種見解，也許有成立的可能性。但由他方面說來，最高文化發展的國家，不必盡是受自然恩惠最多之地方。例如美國文化發展最高的地方，不是新世界之豐饒的河川谿谷地方，乃是阿那瓦克（Anahuac）和古斯各（Cuzce）之高原地方。依這種觀察，可得以下的結論。卽凡受自然的恩惠過多之地方，反可使住民之肉體的及精神的能力衰退；不唯不能促進文化之發達，反有妨碍其發達的傾向。這種思想，波當（Jean Bodin）早已說明過了。

據黑爾特（Herder）的思想，又更進一步了。他說：「自然這個東西，不獨由氣候之影響，卽是不僅因地理的生活區域之屬性關係，影響于人類之生活；且自由然的環境，卽是由自然之觀察區域（Natürlische Ausschauungskreis）一旦浸入于人類之「思想力」範圍內，其影響于人類之觀念界，實至深且鉅的。

第二應考察者，就是一定地域之特性，常決定其住居之勞動活動，和勞動報酬。此處所謂勞動活動，就是人類在「自然」所定各種條件之下，取得自然材料的行爲；而勞動報酬，就是加工于自然材料的結果。所以勞動活動和勞動報酬，雖有程度的等差，然而不能和自然所定各種條件分離。由是觀之，自然實可以決定人類之生活方法。但人類之思想欲望，確與其生活方法大有關係，所以自然又是間接決定人類之思考方法的東西以上是黑爾特的見解。

拉測爾（Friederich Latzel）之人類地理學的歷史觀不過將黑爾特的見解，推廣于經濟，政治方面罷了。依拉測爾所說：「某國民之地理的生活區域，因其開放性與封鎖性，其適住性與土地性，其位置爲大陸的，抑爲島嶼的不同，而其人口之密度，該住民之經濟的生活方法與交通狀態，亦有差異。所以對于其社會的，尤其是政治的組織，影響極大」云云。

然則，馬克斯對于自然環境說的見解如何。馬克斯說：「上述對于「自然作用」的批評，並沒有錯誤。但這種見解，是把經濟的生活過程中之一要素，（即自然——譯者註）由其他二要素，（即勞力和技術——譯者註）扯開的考察，只能說是一面的觀察」云云。我們若將拉測爾之人類地理學的見解，徹底探求，加以補足，則即時可以了解馬克斯的社會觀及歷史觀。拉測爾的見解錯誤之點，即是所謂地理的要素，若孤立分離，則必全無作用，這種要素，在經濟生產過程中，若是爲過程之一成分時，換言之，這種要素僅因勞力和技術的作用，加入于經濟生產過程之範圍內，始能發生作用，否則無能爲也。拉測爾之誤謬，即在此處。又地理的要素，能影響于生活資料之生產，即是地理的要素，能影響于一定地域內住民之經濟方法時，才可算爲此住民發展之一要素。人類的發展，是在社會的裏面，同時又是在一定地域之表面。雖然如此，然創造歷史的，不是地域之「自然」乃是人類和自然共同動作，才能創造的。因此，吾人可以說自然不過對于人類發展供給前提條件及手段，人類利用這種手段與否，如何利用這種手段，由利用這種手段所生之結果如何，都是依人類之勞動活動與勞動手段（卽工具——譯者）而定。試舉一例：土地之屬性，本來沒有怎樣作用，這屬性要和住民所有的一定之技術能力結合，適用于社會的勞動過程時，才能發生作用。土地豐饒，氣候溫和，則對于住民，當然供給無限的野生果實。故對于野蠻民族，是一個極好的生活區域了。因爲野蠻民族，在那貧脊的地方，絕對難以生活的緣故。至農業耕作之起源，和變遷，是人類習得土地耕作，發明掘地耕種，以後的事。但這種現象，不必盡依此次序而發生的。住民之經濟的文化，極端進步，能生產一定之食料品；住民在此區域內，能自由移轉，才可以作爲確實的殖民地。比方澳大利亞，在發見當時，住民尙在狩獵捕魚的生活階段，所以不能卽時進化到耕作的階段。

由上述理論類推之，假設技術未達到必要的發展階段以前，無論有什麼灣曲的海岸線，和利于航行的河川，還是不能夠振興商業，奬勵航海。柏拉圖(Platon)說：「海洋這個東西，能夠使市民的心思，彌滿商業的精神，卽小商人的貪利欲望，並且把一種欺詐的，不信實的性格，浸潤于那精神裏面。因此一般市民，不唯互相間沒有信用和好意，就對外人，亦沒有信用和好意了」云云。但是單只海洋和大河川存在，絕對不能發生航行和商業。觀美國及新荷蘭之例，已可充分證明。其于中部美洲及祕魯的美國古時文化國民，在發見當時，他們的航行，尙在最幼稚階段，其他可以類推了。

單只地理的狀態，及氣候的狀態二者，對于人類文化，影響極少。最好的實例，如人類之偉大的文化地方，隨時勢的變遷，而有盛衰的轉移。在古代爲經濟生活精神生活之中心地方，到了今日，忽變爲凄涼荒蕪之地，無人顧盼，又或爲遊牧民族之牧場者，亦復不可。所以黑智爾(Hegel)說：「我們不可把「自然」看得太高，也不可把她看得太低。平穩的愛奧尼亞

(Ionia)之天空，對于荷馬(Homer)詩上之典雅，確是很有大功。但單只那天空，永久也不會生出荷馬的詩來。那天空永久也不會生出這荷馬來。在土耳其專制的支配之下，絕對沒有這樣詩人的出現」云云。

「自然」影響于人類，同時人類也影響于「自然」。黑爾特已力說過的自然對于人類的關係，自然不必常爲一主動的要素，人類不必常爲一被動的要素。兩者同時可爲主動的，又可爲被動的。人類自有史以來，卽開墾森林，栽培樹木，馴養動物，改良種子；又能將甲地方之植物移殖于乙地方，乾沼澤之水，植深山之林，疏濬河流，以利交通等，把自然環境漸漸變更。所謂征服自然，就是此意。而這種受變化的自然，又于反對的變化方法，影響于人類。日耳曼(German)族移住後，德國之「自然」，或歐洲移民砍代北美利加原始林後的合衆國之「自然」，其不變化的有幾何。

不僅此也，人類征服自然的方法，其于各發展階段，不必盡同。如人類使用衣服，建築房屋，移殖野生果實，改良種子，製造人工的食料品，消除傳染病毒，利用消毒藥品等，以排除自然環境的影響等，皆可以隨時變更的。同時，人類又由別種地理的區域學得勞動過程必需之勞動對象（原料）的用途，和勞動手段，（卽工具——譯者）所以知道，不單靠着本來地理的生活區域之自然條件，也能夠生活的道理。比方，在原始狀態，銅工業，要在具備自然條件，如銅，燃料，及一定之勞動器具的地方，才能夠成立；迄人類知識發達之後，就全然缺乏自然條件的地方，也可以借運輸的力量，把銅，煤炭，機械等輸入，使銅工業發達繁盛。但對于補足自然條件，也是有個限度的。（如上述若無運輸的力量，則亦難達目的，——譯者）如是以往，人類對于自然環境之從屬性之一部分，漸次變爲社會環境之從屬性，卽人類本受自然環境之支配，漸次變爲受社會環境之支配了。

馬克斯和恩格斯（Engels）都認定，生產方法，不單靠着地理的環境之自然條件。例如，「反雕林（Dihring）」內說：（第六版第三二〇頁）

「資本主義的工業，已經可以相對的脫却那原料生產地之地方的限制了。紡織工業，多有依賴輸入的原料。西班牙的鐵鑛，反在英德二國精鍊。西班牙和南美洲的銅鑛，亦在英國鍊造。炭田地方，都是輸出煤炭于工業地域，以供給其燃料。現今英德比諸國，運載煤炭的輪船，可謂已航駛于全歐海岸。這種情形，若是一社會由資本主義生產之束縛解放之後，必更加旺盛。在這種社會組織之下，（即社會主義的社會——譯者註）能敎養一羣勞動者，使理解工業全體的生產之科學的根據，又能使勞動者實際從事於生產部門全系統之工作，所以能創造一種新生產力。這種新生產力，所生產物品之價值，除支付遠方運來的原料及燃料代價之外，還有剩餘的」云云。

第七章　社會的勞動過程之技術

(一)對於決定社會生活的要素之各種學說　(二)國民經濟學者主張生產技術是決定社會生活的要素　(三)巴爾特(Bart)將生產和技術混同　(四)對於巴爾特所論的反駁　(五)馬克斯所謂「技術是勞力發展之尺度社會關係之標準」之意義不是說「社會的生產專以技術爲基礎」的意思　(六)馬克斯是說「技術是測量生產發展之進步程度」的東西　(七)馬克斯之所謂技術學(Technologie)　(八)經濟學不是技術學　(九)技術是勞動過程之產物技術之發明不是個人之精神的產物　(十)技術依賴自然條件之關係及技術的唯物論據　(十一)技術又與社會的條件相牽制(或關係)　(十二)資本主義之社會於企業上專採用低減生產費之技術　(十三)機械是生產剩餘價值的手段

所謂自然的要素，換言之，即地理的要素，爲決定社會生活之要素的見解，是地理學者，，人類學者及人種學者等所唱導的。反之，國民經濟學者，則謂：「經濟過程之三要素中，生產技術，是決定社會生活的要素」云云。蓋國民經濟學者因十九世紀藝術之發達，就單眩惑于現代生產，利用機械，增加莫大之生產量，和生產利得，且不知技術之歷史，與其最幼稚的狀態，所以就有以下的結論。他們說：「現代生產，以技術爲基礎；所以技術，是經濟的基礎，且是經濟的構成要素。由此推論，生產方法和技術的經營形態，是同樣的了」云。巴爾特（Paul Bart）教授，以最精錬的教訓，指示這種結論給我們。該氏于其著作「社會學的歷史哲學」中，（第三一二頁）由資本論第一卷，引用馬克斯所謂：「枝術是人類勞力之發展的尺度，又是社會關係的標準」云云之語，簡單的結論說：『工廠以機械爲基礎，（工廠製造商品，以使用機械爲基礎之意）所以工廠以枝術爲基礎；枝術之本來的意義，和「經營形態」相同，所以馬克思所說：「枝術有一定之地位，而後有一定之經營形態，有一定之經營形態，而後有一定之所有秩序，」云云的因果順序，才能有其存在』云云。巴爾特氏由這種奇妙的推論，遂到達一種奇妙的結論。他說：「馬克斯所謂生產方法，不過是技術的意思罷了。」又擬證明說：「經濟不僅依賴于技術的使用之事實」云云。

巴爾特之推論全部，自始至終，一竟錯到底。由馬克斯所說「技術是測量勞力發展，指示社會關係的東西」，推論之技術和生產過程，其相同的程度到底如何。假設某人說：「寒暑表的水銀，是測量溫度的尺度」時，他的意思究竟是否說：「水銀與寒暑表是同一的東西」呢。其次，巴爾特氏所說「工廠以技術爲基礎」的奇怪論斷，雖容認其假定是不錯，然因此就可推到全社會的生產，也是完全以技術爲基礎的論斷嗎？試問工廠和社會的生產，是不是同一概念。今又假定生產之一部分，是以技術爲基礎，然技術之外，是不是還有「勞力」和「自然」之各種條件爲基礎呢？蓋單只技術一種，不能生產生活維持之手段，須依勞力及利用一定之自然材料，換句話說，就是須有三種要素存在，才能生產。但又不能如巴爾特氏所論，社會的生產，除却這三種要素集合之外，沒有別的要素。我們可以說：「生產是這三種要素協同作用的結果，」而此結果，和三種要素，又是不同的東西。正確的說來，比方，做好了的外套，和做外套時所用的勞動，工資，材料，裁縫機械等之集合體，是全不相同的東西，這就是說明以上的理由之一個好例證。

把技術當做生產過程同樣之物，就是把生產過程之一構成要素，做爲全體構成要素的見解。「全體大于部分」之原則，對于社會科學，亦能適用。那「社會的勞動過程，純粹是技術的作用」或「社會的勞動過程，完全依賴技術」諸種的話，馬克斯從沒有說過。馬克斯所主張的是，「在生產過程中所使用的技術，是測量生產發達之進步的程度，尤其是測量人類如何的變化自然材料，始能適應其必要，且利用自然力，以從事生產，可以至何種程度之尺度」云云。馬氏所說的，大概如此。

巴爾特氏所引用之馬克斯的語句，(「資本論」第四版第三三六頁，民衆版第三一七頁)即「所謂技術，(學)(Technologie) 是說明人類對于自然之主動的態度，及人類生活之直接的生產過程的學問」云云。由此等語句，巴爾特氏就說：「生產過程，單以技術爲基礎，所以生產方法和技術的經營方法，是同一的東西。」如此論斷，是吾人全然不能了解的。馬克斯在他處曾說過社會勞動過程，是「人類和文化之間的過程」，又是「人類與自然之間之代謝機能（Stoffwechsel）」。那末，據馬克斯這種語句，只要對于他所說生活方法之概念，稍能了解的人，就可以明白了。因這種語句，是指技術（學）之地位，換句話說，是指示人類獲得其全體之生活資料時，——用馬克斯的語氣：人類於其生活之生產時、——利用那自然材料，和自然力至如何程度之意義。

除以上之說明方法時，馬克斯又于種種地方，說明技術和經濟方法，——技術的生產形態，和生產本身，——切不可混用。例如馬克斯自己對于「資本論」一書，說明其內容綱目之論文中有下記的言辭。（Neue Zeit（現代）雜誌二十一年度第一卷第七一二頁）

「用爲生產之一般的東西，沒有存在的時候，一般的說來，也就沒有生產的行爲了。生產這個東西，是特殊生產部門——例如農業畜牧，工廠，手工業——等的一個完全的形態。但經濟學不是技術學。於一定社會的階段中，生產之一般的條件，對于特殊的生產形態之關係，擬于別處說明之」云云。

一般的國民經濟學者，因誤解發展過程之自然的社會的條件，與技術的利用之結果，他們就以爲，技術不過是「精神的產物。」將技術和生產方法，混同一起。然事實上，一切技術，都是由勞動過程這個東西發生的，並不是那個特殊思想的發明家之精神的產物，乃是由于在勞動活動中，所觀察的結果，而發見的東西。比方，在種種工作上，不能得預定之效果，或完全失敗時，即更用種種方法以試驗之，總求收得完滿的效果，才放手。不管那種種方法，是否合乎原理，或是半偶然的，只要他能得完滿結果，就算夠了。這就謂之技術的發明。這就是技術的來源。再言之，在技術領域內之重大的發明，不是某種——一般人都是這稱說—職業發明家所想出的，乃是由一定勞動部門的直接行動者，如勞動者，職工長，工廠監督等，所發明的。凡從事一定勞動過程的人，歷時愈久，則他所發現生產上之缺點和弊害，必定更多。他既發見這種缺點，必定循序漸進的，想些方法以補救之。在今日我們以爲極簡單極明瞭的缺點，在古人則極難見到。古人在想到補足方法，與發見缺點之間，不知犧牲了幾多精力與光陰。卽極小的改良，也要耗費無限的時間。這是我們于發展過程之最初階段上，司空見慣的。例如在路易式爾(Reutel)之冲積期，人類的砂石(Haustein)平石(Flaschstein)及尖石(Spitzstein)等盡是將石之側面打擊，成爲尖形的。由這種時期，進化至所謂滿莫斯(Mammoth)(古之巨像——譯者註)期，卽人類的砂石等，變爲鋸形之刮削刀及石刃的時期，亦不知經過多少時期，始能成功的。

在這個階段，技術和自然條件之關係，極爲密切。若有一定之原料存在，則一定種類之一般技術，如何形成，形成後，向何方面發展？都可以決定。比方沒有一定種類之岩石，木材，鑛石，貝殼等地方之住民，當然不知道把這些自然材料，加工，製作武器及器具的方法。又其他特種的原料，往往决定器具的形狀。比方，古時歐洲在冲積期的石刀之形狀，是由燧石(Flintstein)及燧石與石英所做出的石槌之形狀合成的。又薄又小的刀刃，不能由燧石做成，縱能做成，其于使用刀刃時，最初必定折爲兩斷。所以也是毫沒用處的。假設要做出比較堅牢的石刀，則非有較厚較硬的刀鋒不可。但是要做這種堅牢的石刀，也極要注意。蓋燧石極容易分解爲薄片，所以比較刀幅要廣大的石刃，才能有效。人類要到了知道把木頭和動物的角，做爲石刀的刀刃時，獲得軟玉(Jadeit)及黑曜石等——這種硬石或由發見得來，或由交換得來，姑置勿論，——的時候，才能製造較小的石刀。

阿得米拉爾(Admiral)島民所持之木匣裝置的尖而且薄的截刀(Schneidemesser)和那木葉的形狀之鑿孔刀(Stechmesser)，也可以由該地所產之黑紋的黑曜石之特質說明之。又一技術可以牽制他技術。比方這島民沒有黑曜石的技術，則當然沒有彫刻材木的技術了。因爲彫刻材木的技術，要比較堅利的石刀，才能做成。若比黑曜石刀還更粗笨，當然不能成功的了。在人種學博物館內，阿得米拉爾島的彫材，和別個島如邦可（Bank）島的相比較，普通的美術家，都以為阿得米拉爾島人的製品比較邦可島的優良，皆是由于阿得米拉爾島民比邦可島民的手藝純熟，及感覺銳敏，所以會生出這種差別。但事實上，完全是材料良否的關係，不是手藝高低的問題。所以阿得米拉爾島的製品精良，也是該島之黑曜石的作用。因為有黑曜石，就能彫出好東西，能彫出好東西，那手藝自會純熟，感覺自會銳敏了。

技術之發達，由自然供給其必要的材料。其于發達上，當然有極大的影響。此外，對于利用一定技術的勞動手段，若自然附以某種條件，亦非常影響于技術之進步。稠密的原始林中之澳大利亞漂浪民族，不能利用「射擲武器」（Bumerang）前已說明，因為林中樹枝繁茂，妨碍投擲之故。以此類推，凡住在稠密林中之土人，都是不能利用投擲器具的。反之，在海岸地方和沙漠草原居住之畜牧民，就常常利用。甚麼緣故呢，因為在森林中，樹木暢茂，障碍甚多，不能達到擲射之目的，若在廣大無邊的平野地方，則弓矢或吹矢（Blasrohr），都極容易達到目的。有此原因，所以有這種區別。

一技術影響于他技術，還有一個實例，古時波里內西亞（Polynesia）人，沒有陶器的時候，他們煑菜和燒物的技術，就向特別的方面展展。他們沒有水瓶，所以不能用水煑菜。他們要用熱水的時候，就把水盛于木器或南瓜之器具內，然後把石頭燒熱，投于其中，卽使冷水變爲熱水。但是西波里內西亞人發見陶器以前，常與美拉內西亞（Melanesia）人或微屖（Vichy）島島民交易，得有一種土器。但他們發見一種煑菜方法之後，就固守這種煑菜方法，由交換得來的土瓶和碟子等物，不用于煑菜，謹用于貯藏物品罷了。

然使用一定的新技術，除具備自然條件之外，更須有各種社會的條件。又新技術的勞動方法，若要行之有效，亦須有一種具有特質的勞力存在。且這種技術，須適于一定之經濟構造。比方亞那托力亞（Anatolia）人生產大量的駱駝毛（Mohar），但是那地方正式的經營紡織工業，和毛織物工業的工廠爲數極少，並且經營輸入毛織物的多半是外國人。同樣，在小農(生產)地方缺少工業的勞動者羣衆，雖然有些勞力用于工業方面，但又因技術劣拙，頗難奏效。所以那種勞動者，雖由中歐西歐的監督者盡力指導，然亦不能增加能率，多得工資。

依同一的理由，假如有種種技術的改良，現代的大工業，也不能卽刻利用他。比方，今日雖然有人發明使勞力輕減，于衞生有益，但須增加投下資本，不能提高企業利潤的技術，無論什麼企業家，必不至利用那種技術。蓋「不能增加利潤」的技術，依企業家的見解，實是無用之物。這種理由，馬克思已正式說明過了。他說利「用機械的目的，由工業家方面言之，與其說是能輕減勞動，不若說是能低下生產費」又說「機械這個東西和勞動之生產力及其他(生產)構成要素之發展一樣，是使商品價格低廉，使勞動者之必要勞動日縮短一部分的東西。利用機械的結果，使勞動者無報酬的奉獻于資本家之勞動日，延長其他一部分換句話說，機械是生產剩餘價值的手段了」云云。

第八章　技術和生產方法之區別

(一)技術和生產方法混同的原因是由於把構成生產過程之一要素「技術」當做生產全部而起的　(二)因誤解技術的本質就把唯物史觀作爲技術史觀的遜姆伯特(Sombart)之誤謬　(三)馬克斯眞個潛伏的技術和顯然的技術混同了嗎　(四)潛伏的技術要依勞力才能夠實現的　(五)斯討丁加(Standinger)對遜姆伯特批評說「技術不是死機械是有意識的人類所利用的東西」

馬克斯雖然說過技術是構成生產過程三要素之一，但是還有許多人，把技術當做生產方法，同樣的東西因此反把生產方法的範圍，弄得比馬克斯所說的更加狹小。許多國民經濟學者因爲不知道技術之發展歷史，固不足怪；但反對馬克斯主義的人，他們研究馬克斯文獻的時候，他們的思想亦極爲偏險，或以爲馬克斯的概念，由黑智爾(Hegel)演繹而來，或以爲馬克斯的概念有希波來（Hebrew）法典學者的書獃氣等，有此種種反感，所以把個技術和生產方法混做一起了。

一九一〇年十月十九日，德國第一回社會學會，在法蘭克富特（Frankfurt Am Main）開會，遵姆伯特（Sombart）教授講演「技術和文化」的時候，把技術和生產方法，混做一團。這就是他們誤解「技術」的一個證據。

馬克斯解釋生產條件，已于本書最初詳細說明過了。（參照第四章「生產力與生產條件」——譯者）馬氏說「所謂生產條件，第一是自然條件，第二是特別的社會條件，尤其是有特定特質之勞力存在的社會條件，第三是特別的技術的條件之意」云云。反之，遵姆伯特氏則謂「馬克斯之所謂生產條件，除技術條件之外，別無他物」云云。又說「據馬克斯之解釋，所謂經濟，就是技術之一種機能，而「其餘的文化」，也是經濟之一種機能。所以馬克斯之唯物史觀，本來就是工藝學的（或技術學的）歷史觀（Technologische Geschichtsaufassung)」云云

這種推理，由全體說來，或有成立的可能性。但嚴密的說來，就是不妥當的。「經濟」決不是技術之單一的機能，——我們若用不適當的字句，表示這種關係，——乃是社會生活人類之一機能。卽使用技術的勞動手段之人類勞力之一機能了。技術本身，完全沒有什麽作用。技術是要用在生產上面，始能發生作用的。若要用技術，非有勞力不行。那勞力，——再切實說，——又並不是普通的勞力，是適應生產發達程度的，且有一定性質的勞力。其次，一般的生產過程，要一種技術上有作用的東西，才能成立。卽要勞動對象（卽目的物——譯者）如金屬石材本材等自然材料之類，才能成立。所以馬克斯說：「無論文明社會的生產狀態如何，勞動之生產性，是和自然條件結合的。勞動生產性，和人種一樣，對于人類的性情和人類的環境（自然）都有反作用」云云。

遵姆伯特教授說：「經濟爲技術之一機能，技術本身，——沒有勞力，——亦有作用的」他說這是馬克斯的見解，則馬克斯的唯物史觀之誤謬，依下記之語句，就可以證明了。即「技術本身，絕對沒有作用。要人類使用技術于生產過程，才有作用。所以技術若沒人使用，在經濟上，即等于零」云云。

遵氏的意見，和馬克斯之批評家二三人所說的，頗有特異之處。現在引用他做爲參考，也是很有意思的。（第一回德國社會學會講演記錄七七頁）

『「機能」這個名字，普通就是一定之經濟形態，必適應于一定之技術的意思。這個觀念，起初就錯了。因爲一定之技術，雖說知道他的使用法，也不必實際的採用他。我們應區別潛伏的技術和顯然的技術。在某時代，雖說知道某種使用法，即使用法實現與否，又是另一問題。……

其次，我們以爲在某時代，使用過某種技術，然那種技術，是否發生過必然的一定之經濟，也沒有確實的證據。依我們的見解，經濟是立于種種技術的基礎之上。並且同一的技術，也能適用于種種不同之經濟活動。同一的經濟，又是能立于種種基礎之上的』……云云。

遵姆伯特氏又說：『馬克斯沒有「把使用的技術」和「不使用的技術」區別，所以他（馬克斯——譯者註）相信於生產過程中沒有使用的技術，也有「作用」』云云。這是由于誤解馬克斯的說明而來的。馬克斯常常說：『沒有加入生產過程的勞動對象（目的物）和勞動手段（工具），當然與生產過程的成立，絲毫沒有影響。所以一般都說，生產過程中，沒有這種東西的存在』云云。「資本論」第一卷內，也有一節可以證明。（資本論第四版第一卷一四五頁民衆版一三八頁）

「在勞動過程中，沒有作用的機械，不獨沒有益處，並且是自然代謝機能之破壞力的犧牲物。鐵生銹；木材腐朽；不能用爲織布編物的綿絲，就是和那廢物的綿花同樣。有生命的勞動，當然把這些無用的東西，化爲有用。即係收那些東西，由可能的使用價値狀態，轉化爲現實作用之使用價値。這些東西，受勞動的薰陶，與勞動合爲一件，直到他們的機能，變爲與勞動過程上的所謂機能同樣的程度，仍是不斷的消費，到是眞的。但這種消費，是根據一定目的之消費。或爲個人之生活資料而消費，或爲新勞動過程上生產手段而消費。卽爲產出新使用價値而消費，或爲形成新生產物之要素而消費的便是。」……

最奇怪者，該社會學會的聽衆中，沒有一人起立對遵姆伯特說：「你完全沒有了解馬克斯的關于生產過程之解釋！」的話。其實，討論之後，有人也曉得遵氏的概念，不大明瞭，但僅認定技術與文化之關係，以後者（文化——譯者註）爲主動的一種事實能了。只有斯討丁加教授（Standinger），一人認定遵氏是根本的錯誤，那錯誤雖不是全部，至少也是一部分。斯討丁加說（第一回德國社會學會講演記錄八六頁）

「……遵姆伯特氏，最初卽說技術是取得特定物資的「手續」，把附隨于技術之有生命的人類丟開。假設技術是取得特定物資的手續，那末，誰來用這個手續呢。我想用這個手續的，當然是有生命的人類，所以與技術對立之人類，不必把他當作別種東西，而與技術對立；須將他包含于技術的裏面便了。就是活動的技術中，一方有有意識勞動之「人類」他方有「技術」之實體存在。——遵姆伯特教授將技術中之一部分，卽和技術合體之精神（按卽指人類——譯者註）——完全忘却，僅把技術做爲死的機械看待，這是極爲遺憾的一回事！但是依我的意見，機械和施設，以及類似的一切東西，籠統包括，也不能算爲技術，只可稱爲技術之生產物，換言之，卽是利用技術之目的物。又假設我有極良好的機械，也不能稱爲技術，須我用了那機械工作之後，才能叫做某種技術的物件。又我自已裝置機械的時候亦同」云云。

經濟概念

第九章　綜合技術與個別技術

(一)欲變更生產關係非預先有技術的進步就不行嗎　(二)關於此點巴爾特氏對於唯物史觀的批評純是一種牽强附會的議論　(三)「羅馬之莊園的大農地(Latifundium)崩潰之原因不是由於技術的變化」之論就是將生產方法和技術混同的錯誤　(四)因自然條件與社會的勞力之變化可以變更生產方法　(五)以生產方法之變化爲技術進步之結果的馬克斯之眞意義　(六)改革後之各社會的生產關係是一種完全的集合體　(七)一生產部門之技術的進步可以改革他生產部門之生產方法　(八)因應用個別技術之多少量而生技術之質的變更

有些學者將技術和生產方法之概念看做同樣的東西。所以他們就說：「馬克斯之理論，謂在特定經濟部門之內部，若要變更其生產關係，須預先在同一經濟部門之內部有技術的變化。即是不可不先有技術的進步之意。」這種牽强附會的主張，常常聞見。比方巴爾特教授於其所著「社會學的歷史哲學」（第三一八頁）內，說這種理論不對（其實馬克思，並沒有說這些話），因此推論馬克斯之歷史理論的誤謬。巴氏說：

「在西曆紀元一世紀，羅馬莊園的大農地（Latifundium）之地主，由大規模的經營，變爲小規模的經營，是根據什麼原因呢？洛柏爾圖斯（K. Rodbertus）說明如下：「本來實行集約的經濟之必要，是因由地方供給穀物之需要減少，同時對于農業上之比較精良的生產物，其需要增加而起的」云云。所以集約的經濟之實行方法，是把莊園的大農地，分散爲小農地，給與個個勞動者，使他們耕作。所以在當時的羅馬，並非因技術進步，把經營變更的，乃是因富源增加，和地方人民之財產減少，而生出市場及需要之變革，才起這種變化的。換句話說：並不是因技術上之改良，才生出經營之新樣式，乃是因財產的新狀態，（或減少，或增加，——譯者註）而起的變化了。

……所以一面的方式，如新技術或新構造等，絕對不能充分的說明經營之變革」云云。……

由上述議論之全部推之，可知巴爾特氏對于馬克斯氏所說「生產方法」之概念，不甚了解。為什麼呢？據馬克斯說「生產方法不僅是技術的作用，乃是勞力自然及技術三種構成要素的作用。」此事已沒有論證的必要了。生產方法，既是如此。那社會的生產繼之不斷的再生產，也必受此三種生產條件——自然的，社會的，及技術的條件——之支配。所以馬克斯又斷言說：「若要生產過程反覆同樣生產，則須以生產條件之『特定社會的狀態為前提』並須把這些條件，也是同樣的不斷的再生產」云云。各人對于已生產的消耗品，各有各的購買力；這種購買力，叫做「吸收性」吸收的可能性，卽是販賣之可能性，也包含于這些條件之內。比方社會的需要若有變化——或因戰爭，疾病，死亡，或因代用品的發明，或因發見輸入地，或因交通便利，由遠地易于輸入等，——則生產條件，也跟着這些變化，當然稍有變更了。例如一八七〇年，大宗的穀物，輸入歐洲市場之後，荷蘭的農業，雖然沒有技術上的進步，也變化其生產方法，向畜產及牛乳經濟方面發展，誰人也知道的。

西歷紀元一世紀中部意大利，也和這種過程相像，前述之巴爾特氏所說，洛柏爾圖斯氏的見解，是否正當，此處不必研究。他對于「羅馬之莊園的大農地經濟衰落的原因如何」的問題，有許多經濟學者和歷史家，如海斯特伯魯克(Heisterberuck)永格(Jung)薩梵尼(Savigny)衞伯爾(Weber)村普特(Zumpt)剌伯雷(Rabelais)等，作種種的解答，無論他們認定是因羅馬由地方供給穀物，或因都市市場衰落，或因不能繼續蓄養奴隸等種種根本的變革，但是生產諸條件之本身，已有變更的原因存在，自不庸否認的了。

有人說：「馬克斯主張，只要技術上有進步，就可以充分的變更生產方法」云云，這是全然誤解馬氏的說法。蓋生產方法之變更，不必要技術上如何的進步，也不必要技術上各種之改良，只要自然條件之變更，也就可以變更生產方法。又社會的勞力之變化，也可以同樣的變更生產方法。如勞動之強度增高勞動之品質向上，或下落，勞力之增大，或減退，又或勞動階級之一部分由一生產部門移于他部門，——如由農業移于工業——等種種現象之發生，皆可以使生產方法起多少之變動。

馬克斯只說生產方法之變更，認爲是技術上進步之一種結果。他並沒有說，在一生產部門內，若要變更生產關係，當預先使該部門的技術進步。以這種不合理的結論反說是馬克斯的結論，未免寃枉了馬克斯。據馬克斯的說法，謂農業，畜牧，商業，手工業，大工業等，絕對沒有獨自存在的。這些生產業，都是有互相密切關係的。所以社會生產一部分之變更，就會惹起其他一切部分之變更。這種變更作用，絕對沒有土地的限界和國家的境界的。比方美國製鋼業的技術進步，使美國的紡織業和農業變更之外，又影響于德國的製鋼業和紡織業。馬克斯又謂：「社會的生產過程之各部分，都是關係密切，互相依賴，互相影響的。所以社會之「經濟的構造」，不是生產關係之一部分形成的，乃是生產關係之總和作成的」云云。這種解釋，我們可于馬克斯對（Proudhon）普魯東的辯難書中，看出來。那辯難書中，評駁普氏不該把生產關係本身分開，當做個個的範疇觀察；應該說，各社會之生產關係，是形成一個完全的集合體，若不由這種集合體的連鎖，分析個個範疇，再去觀察那範疇的交互結合，那就是不啻把「部分」當做「全體」的議論了！

馬克斯說：「若考察社會的生產過程時，單只注意于應用技術之品質的組織，把那技術應用範圍之大小，即數量的大小丟開，也是同樣的不合理」云云。因為在生產上，不單只技術的方法，技術之品質的狀態有關係，那技術應用範圍之數量，也是很有關係的。用黑智爾的話來說：「品質可以變化數量，數量亦可以變化品質。」比方，在採鑛的生產過程中，應用特定的採鑛技術，不算怎麼一回事。而將特定的採鑛技術，應用至何種程度，那恐怕成了一個真正的問題了。又在一種特別區域內，以完全同樣的技術方法，或以同等之技術手段，經營百個炭坑，或五個炭坑，或設備百個熔鑛爐，使用五個熔鑛爐；又以同一農業之技術，用於大耕地，或用於小耕地；最後，某國船舶之數目，或多或少，以上各種事項，當然都是影響於生產方法的。換句話說「生產方法的特質，一般皆由技術的因素而決定的。所以不獨技術的形式，有決定生產方法的力量，即技術的應用程度，也有決定的力量。」由是觀之，在各生產部門，雖技術之形式上沒有變化，「經濟構造」也能實際的變更。即個別技術之應用數量，在種種生產區域內，或變為增加，或變為減少，互相推移，影響於生產方法。而「經濟構造」就是因此才發生變動的。

對於馬克斯之理論批評者很多：以巴爾特教授之富於學識，尚且不能了解，何況其他！他們把那種不是馬克斯所說的概念，强說是馬克斯的經濟概念。由這種概念，推論馬克斯的錯誤，所以他們就想證明馬克斯的結論不對，以作他們的反對論據。其實他們研究馬克斯的學說，所用之客觀的批評，完全沒有科學的根據；依此說來，他們的批評，當然沒有什麼價值，可斷言了！

經濟概念

中華民國十七年四月初版

馬克斯的經濟概念

原著者 Heinrieh Cunow

翻譯者 朱應祺 朱應會

發行者 趙南公

印刷者 上海泰東圖書局

總發行所 泰東圖書局

分售處 各省各大書局

印數1——2000冊

定價大洋五角

外埠函購郵費加一